会社に人生を
振り回されない

武器としての労働法

弁護士
佐々木亮

JN039610

KADOKAWA

はじめに

本書は、「**すべての働く人（働こうとする人）**に、**読んでおいてほしい本**」という発想で作りました。

現代社会では、人は生きていくためにお金を稼がなければなりません。そして、お金の稼ぎ方で一番多いのが「働くこと」です。働くことでもらうお金は、賃金、給料、手当、賞与、報酬など名称はいろいろありますが、労働することと引き換えに得られます。

多くの人はこのお金で生活しています。なにごともなく平穏に働ければいいのですが、**自分に原因があろうとなかろうと、トラブルに直面する**ことがあります。労働に関連するトラブルは生活に直結するだけに、問題の渦中にいたり、解決方法に悩んだりすると、そのストレスは大きくなります。どうやってトラブルをうまく乗り切るか、それは人生において大変重要なことです。

トラブルを乗り切るにあたって押さえておきたいことは、現在、社会での働き方は多様化しているということです。働き方の違いによって、トラブルの乗り切り方も違います。

そこでまず、自分がどんな働き方なのかを把握する必要があります。本書では働き方の特徴を理解し、そのうえでトラブルに直面した場合の対処方法（解決策）を、働き方の種類ごとに示しています。

残念ながら今の日本では、働くことに関するトラブルは毎日たくさん発生しています。そして、**多くのトラブルで、働く側（労働者）が泣き寝入りをしています**。

なぜ、働く側が泣き寝入りをすることが多いのでしょうか。その原因はいくつかありますが、代表的なものとして、働く側がトラブル解決にあたって、戦い方を知らないという問題があります。戦いたくても、そのための知識がないと戦うことができません。本来、**働く人のために「労働法」という強力な「武器」**があります。この武器がどのようなものであり、どう使って戦えばよいのか、本書ではそれを説明しています。

また、労働法に関する解説書は数多くありますが、本書はできるだけ難しい言葉を避け、わかりやすさを重視しています。そこで、法律用語などでは「雇用者」「労働者」と表記される用語もできるだけ「会社」「社員」とし、「賃金」も「給料」や「給与」などと記しています。

ぜひ、ご一読いただければと思います。

目次

STEP2 雇用形態別トラブルとその解決策　26

フリーランス

第2部

労働にかかわるよくあるトラブルと解決策

TROUBLE1 労働時間と残業手当の問題 96

本書の内容は2021年1月現在の法令に基づいています。

第1部

さまざまな雇用形態とよくあるトラブルを知る

正社員や契約社員、パート・アルバイト、
派遣社員、フリーランスという雇用形態ならではの
トラブルとその解決策を解説します。

STEP 1

自分の〝働き方〟を知っておこう

あなたは正社員ですか？

それとも契約社員、あるいはパートタイマー、アルバイト、派遣社員、フリーランスですか？

このようなさまざまな働き方をひとくくりに「雇用形態」ということがあります。**自分の働き方はどの雇用形態に属するのか、それをきちんと理解しておきましょう**。雇用形態の違いによって、自分の身に降りかかりやすいトラブルも、その対処の仕方、解決方法も異なるからです。

第1部では、雇用形態の特徴を解説し、雇用形態別に起こりやすいトラブルとその解決策をあげていきます。

「正社員」は三つの要素を満たした働き方

皆さんは日常的に「正社員」という言葉を使っていると思います。正社員は正規社員とも呼ばれますが、**法律用語に「正社員」「正規社員」という言葉はありません**。あくまでも会社が、自社で働いている労働者をそう呼んでいるだけです。

しかし、「正社員は安定している」、「正社員は法律で守られている」と、耳にすることがあるでしょう。確かに、「非正規」と呼ばれる働き方より、正社員は雇用が安定しているといわれます。ただ、その違いは、「正社員」と呼ばれているかどうかではなく、実際にどのような働き方をしているかで決まります。では、どのよう働き方をしている労働者が、「安定している」あるいは「法律で守られている」といわれる正社員に当たるのでしょうか。

次の三要素を満たしている働き方が、ここでいう正社員になります。

1　雇用契約に期間の定めがない

雇用契約に期間の定めがない働き方を、無期雇用と呼ぶことがあります。これは、雇用契約に働く期間が決められていないことを意味します。つまり、**自分か**

ら会社を辞めるまで、定年制度があれば定年まで、解雇されるまで、もしくは亡くなるまで、その会社で働けるのが無期雇用ということです。

2 フルタイムで働いている

自分の所定労働時間が、**会社で決められている「1週間当たりの所定労働時間」と同じ労働時間であることを「フルタイム」**といいます。「所定労働時間」とは、雇用契約で決まっている始業時刻から終業時刻までの時間をいいます（休憩時間を除く）。自分が働いている**1週間の所定労働時間が、その会社で決められている「1週間当たりの所定労働時間」より短い場合を「パートタイム」**といいます※。たとえば就業規則に「所定労働時間は1日8時間、1週40時間とする」と明記されている場合、「フルタイム」は40時間働いていることが必要です。1週間で20時間、18時間など40時間未満の働き方ならばパートタイムということになります。

よく、「パートに出る」といいますが、「フルタイム」に対する「パートタイム」という言葉からきた俗語です。

※短時間労働者及び有期雇用労働者の雇用管理の改善等に関する法律（パートタイム・有期雇用労働法）第2条第1項

3　直接雇用である

雇用には直接雇用と間接雇用があります。直接雇用は**働いている会社と直接雇用契約を結び、直接給与をもらっている**働き方です。

間接雇用は働いている会社と給与をもらう会社が違う働き方で、派遣社員がこれに当たります。現在の日本では、派遣社員以外は直接雇用と考えて差し支えないでしょう。

ほとんどの正社員は、前記の三つの要素を満たしています。

しかし、まれに会社が正社員と呼びながら、この三要素を満たしていない正社員もいます。つまり、会社で「正社員」と呼ばれていても、有期雇用だったり、フルタイムで労働していなかったりする社員もいるのです。そのような社員は三要素を満たしていないけれども、その会社では正社員と呼ばれています。さすがに派遣社員を「正社員」と呼ぶ会社はないと思いますが、可能性がゼロとは言い切れません。

たとえ、**正社員と呼ばれていても三要素を満たしていない社員は、何かトラブルが起きたとき、適用される法律が三要素を満たしている正社員と異なる**ことがあります。

ですから、現在、働いている会社で正社員とされていても、三要素がとても大事な点ですので、自分の働き方が無期雇用か、フルタイムか、直接雇用か、きちんと確認しておく必要があります。というのは、自分は正社員として働いているから無期雇用だと思っていたら、実は契約書では有期雇用だったというケースがたまにあるからです。

「契約社員」は〝期間の合意〟が重要

会社で「契約社員」と呼ばれている労働者も多くいます。

しかし、契約社員も法律用語ではありません。そもそも、契約社員といっても、会社で働く労働者は皆、会社と契約を結んで働いているのですから、労働者は全員「契約社員」といっても、おかしくありません。

ただ、日本では**有期雇用の社員を契約社員と呼ぶことが多い**ようです。正確な理由は不明ですが、おそらく、会社と契約書を交わし、働く期間を決めているのでそう呼ぶようになったのでしょう。

ここで気をつけたいのは、契約社員は有期雇用が多いといっても、なかには無期雇用の契約社員もいることです。

もし、あなたが、雇用期間について、**会社との間で何の合意もしていなければ、雇用期間は無期**ということになります。なぜなら、雇用期間を定めるのであれば、期間の長さをきちんと決めて書面で通知したり、契約書を交わしたりすることが法律上求められている※からです。そこで、期間についての合意がなければ、それは無期雇用の契約ということになるのです。

雇用契約に期間の定めがある場合、契約は「契約期間が満了になったら、その会社での仕事もそこで終了」というような内容だと思います。しかし、実情は有期雇用で働く労働者の多くは契約を「更新」しています。**そのため、「有期」といっても、実際には長期間にわたって同じ会社で働き、契約の更新を繰り返している**ケースも珍しくありません。

それなのに期間満了を理由に突如契約を打ち切られる（これを「雇止め」といいます）ことがあり、そうしたトラブルがとても多いのです。

法律では、**期間の定めがある雇用契約を更新する可能性がある場合には、契約書に、「更新する場合あり」と明記し、その更新する判断の基準も明らかにする**

※ 労働基準法第15条第1項、労働基準法施行規則第5条第1項第1号・第4項

ことになっています※。

基準としてよく記載されているのは、「会社の業績と本人の能力、資質など総合的に考えて更新する場合がある」などという一文です。期間の定めのある雇用契約を締結・更新する際には契約書の更新基準がどのように規定されているか確認するとよいでしょう。なお、契約に期間の定めがない「契約社員」は無期雇用ですから、「更新」というもの自体がありません。

「フルタイムパート社員」はあり得ない

「パート社員」はフルタイムで働いていない働き方をする社員のことをいいます。たとえば、月・水・金だけの勤務である、正社員が1日8時間働いているところ5時間の勤務であるなど、短時間の働き方をしている社員をパート社員といっています。

ところが、たまに次のような存在の社員がいます。

「フルタイムパート社員」。

パート社員なのにフルタイムで仕事をしているから「フルタイムパート社員」

※労働基準法第15条第1項、労働基準法施行規則第5条第1項第1号の2

と呼ばれているのですが、これはもう、法律上ではパート社員とはいえない存在です。**パート社員を法律では、短時間労働者といい、通常の社員に比べて短い時間、仕事をしている社員**を意味します。〝短い〟というのは例にあげた通り、週3日や、1日5時間という働き方です。

たまに、「無期雇用のフルタイムパート社員」という人もいますが、会社では正社員として扱われていないだけで、責任の重さはともかく働き方としては一般的な正社員と同じことになります。

また、「アルバイト」と呼ばれる働き方をしている人も多くいます。しかし、アルバイトは法律用語ではありません。アルバイトと呼ばれる働き方を見ると、その多くはパートタイムと同じ働き方をしています。社会的には、学生やフリーターなどが短期で仕事をするときアルバイトと呼ぶことが多いようですが、法律上は「アルバイト」と呼ばれているかどうかはあまり意味がありません。たとえば、「週3日の学生アルバイト」の場合は、法律上はパートタイム社員というカテゴリーに入ります※。

※パートタイム・有期雇用労働法第2条第1項

「派遣社員」は働いている会社の社員ではない

「派遣社員」はこれまで見てきたような正社員、契約社員、パート社員に比べて少し複雑な関係にあります。

図1-1でわかるように派遣社員をめぐる登場人物には、派遣社員という労働者以外に、派遣元会社、派遣先会社があり、三者の関係になります。他方、正社員、契約社員、パート社員の場合は、労働者と会社の二者しか登場人物はいないので、関係はシンプルです。

派遣社員が雇用契約を結んでいるのは派遣元会社ですが、実際に働いている会社は派遣先会社です。働いていても、**派遣先会社と派遣社員とは雇用契約を結んでいません**。派遣元会社と派遣先会社は労働者派遣契約という契約を結び、この契約に基づいて派遣社員を派遣しています。

この構造では、**仕事についての指揮命令は派遣先会社から派遣社員に対して出されます**。派遣社員は派遣先会社とは雇用契約を結んでいないのに、派遣先会社の指揮命令に従って仕事をします。そして、**労働に対する賃金は実際に就業している派遣先会社からではなく、派遣元会社から支払われます**。

図1-1

派遣社員をめぐる契約関係

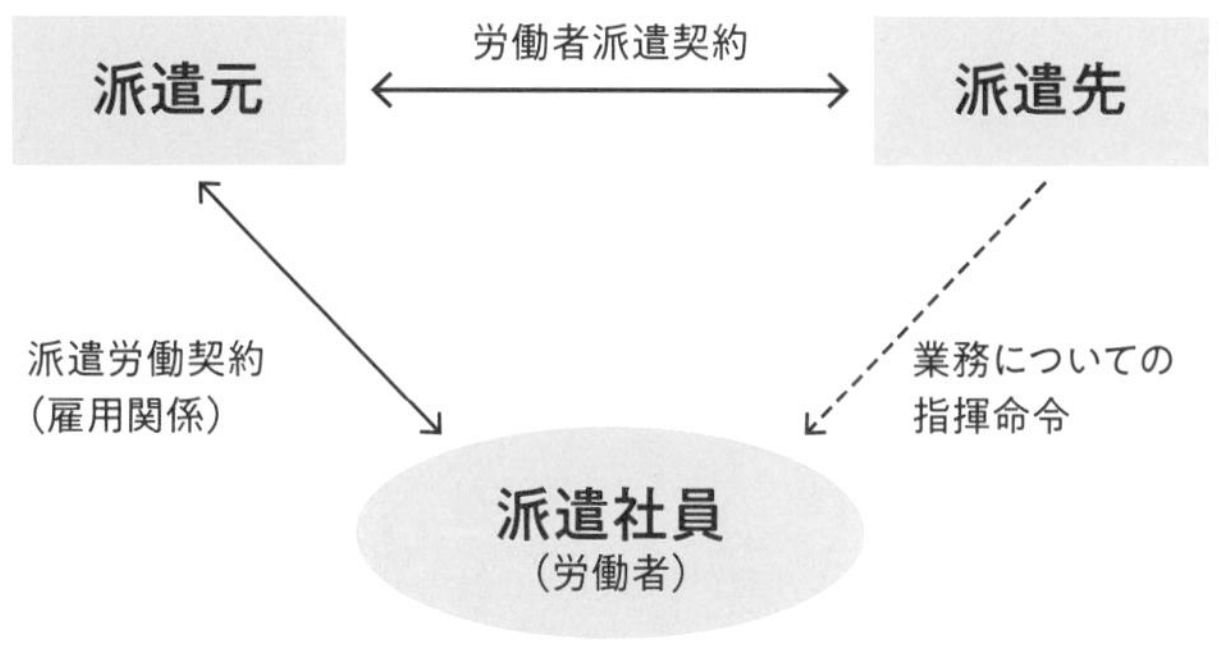

派遣社員と派遣先会社の間には給与のやり取りは一切ないのです。よく考えると、不思議な雇用形態です。

かつて、このような雇用形態は禁止されていました。なぜかというと、派遣された労働者に支払われる給与が中間搾取（いわゆる「中抜き」）される危険性が高いことや、雇用関係の複雑さゆえに就業中の事故の責任を誰が取るのかがあいまいになってしまうことなどの理由から、危険な働き方と見られていたからです。そのため、「労働者を供給する」ことを業務にするような事業は規制されていました。

しかし、1985年（昭和60）に**労働者派遣法**（正式名は「労働者派遣事業の適正な運営の確保及び派遣労働者の就業条件の整備等に関する法律」。２０１２年〈平成24〉に「労働者派遣事業の適正な運営の確保及び派遣労働者の保護等に関する法律」に改正）が成立し、法律を守ることを条件として規制が緩和され、こうした「労働者を供給する」事業が一部で認められるようになりました。その後、規制緩和が続き、今では派遣社員はすっかりよくある働き方になっています。

ただ、法律を守るといっても、この働き方の危険性がまったくなくなったわけではありません。今でも派遣社員の低賃金化の問題があり、景気が悪くなると真っ先に「派遣切り」されるなど、非常に弱い立場におかれ、さまざまなトラブルが起こっているのが現実です。

一方で、派遣という働き方は柔軟な働き方だとの指摘もありますし、正社員ではなく派遣社員として働きたいという労働者側のニーズが強調されることもあります。この場合でも、雇用としての不安定さはほかの雇用形態とは比べ物にならないほど高いというデメリットがあることを、よく理解しておく必要があります。

「フリーランス」は自由に契約を結べる

「フリーランス」とはどのような働き方をいうのでしょうか？

フリーランスとは、**会社や団体に所属することなく、業務に応じて自由に契約を結べる**働き方です。ですから、業務を委託されても断る自由があります。また、働く時間も場所も拘束されません。**雇用契約ではない働き方ですので、労働法の適用は基本的にはありません**。

ただ、フリーランスなのか雇用契約なのか、境目が難しいケースも多くあります。そのため、実は自分ではフリーランスと思っていても、その実態はフリーランスとはいえない働き方をしている人もいます。なかにはフリーランスとは呼べないのに会社からはフリーランスとして扱われている人もいます。

そこで、まずフリーランスといえる条件をあげてみましょう。

フリーランスの働き方は、先ほど指摘した通り、**業務の委託を断る自由があり、場所も時間も拘束を受けません**。つまり、**委託された業務を納期までに仕上げることが重要**で、それ以外については自由となります。働く時間は何時間でもよく、1週間に3日しか働かなくてもいいし、自宅で働いても、レンタルスペースで働いても、どこで働いてもかまわないのです。

ところが、委託された業務は断れない、1日に働く時間が決められている、働く場所は出社して働くようにと言われ、朝は9時までに出社しないと叱責を受けるなどという働き方をしていたら、これはフリーランスとはいえません。

フリーランスが多い職種にはプログラマー、エンジニア、デザイナー、イラストレーター、ライター、編集者など、これ以外にも多くあります。

フリーランスは時間も場所も拘束されずに自由に働ける半面、労働基準法などの労働法が適用されません。たとえば労働時間については、正社員、契約社員、パート・アルバイト、派遣社員は1日8時間、1週40時間のいずれかを超えれば時間外の割増賃金（残業手当）を支払うことが法律で決められています※。しかし、フリーランスにはそれがありません。委託された仕事で何日徹夜をしても、あらかじめ決められた報酬以上の額は受け取れないのが原則です。

また、独立した事業主とされているため、何かトラブルに遭遇したとき、自分の責任で解決しなければなりません。トラブルについてはあとで解説しますが、なかなか法律が保護してくれるケースは少ないのが実情です。

フリーランスは、自由な働き方である半面、**雇用契約を結んでの働き方と比べて弱い立場にある**といえるでしょう。

※労働基準法第32条・第37条第1項

年俸制＝1年契約とは限らない

あなたの賃金は日給制ですか？　月給制ですか？

多くの人はそのどちらかだと思いますが、年俸制という働き方もあります。この年俸制は、日本では外資系企業を中心に導入されています。

年俸制は給与額を月単位や日単位ではなく、1年単位で決める制度です。無期雇用での年俸制もあれば、有期雇用での年俸制の場合もあります。年俸制だから無期雇用だ、有期雇用だとはいえないので、もし自分が**年俸制だったら、無期雇用か有期雇用か契約内容を確認しておきましょう**。

年俸制というと、プロ野球選手を筆頭にJリーガーなど、プロスポーツ選手がすぐに頭に浮かぶのではないでしょうか？　そのせいからか、年俸制の場合、年度の終了時に雇用が終了になったり、解雇になったりしても仕方がないと思われがちです。しかし、「年俸制」であっても社員として働いている場合、日本では解雇に相当する問題を起こさない限り、雇用を打ち切られることはありません。

外資系企業であっても、日本で働く社員には日本の労働法が適用されます※。

※法の適用に関する通則法第12条第1項

STEP 2

雇用形態別トラブルとその解決策

STEP1では、働き方にはさまざまな雇用形態があることを説明してきました。自分はどの雇用形態で働いているのかを確認できたかと思います。STEP2では、各雇用形態ならではのトラブルとその解決策を、事例をあげながら解説していきます。

正社員

配置転換、出向、転籍の違いを理解しよう

正社員特有のトラブルとして多いのは配置転換、出向、降格があげられます。

ある程度の規模の会社で正社員として働く場合、人事異動という名のもとに、労働条件が変更される場合があります。その典型が、配置転換、出向、転籍です。これらは似ているようで違いますので、整理して理解しておきましょう。

まず、**配置転換は、雇用契約を結んでいる会社のなかで、働く場所（勤務地）が変わったり、働く内容（業務）が変わったりすること**を意味します。たとえば、東京営業所から埼玉営業所に勤務地が変わる、経理部から総務部に所属部署が変わるなどが配置転換に当たります。配置転換は、就業規則で「業務上の必要性がある場合には配置転換を命じることができる」と規定されているなど**雇用契約上の根拠があれば、業務命令**として行われます。

他方、**出向は、雇用契約を結んでいる会社ではない会社（多くは子会社や関連会社など）での勤務を命じられ、違う会社で働くこと**をいいます。この場合、元の会社との雇用契約は終わりません。そして、出向先の会社とも雇用契約を結ぶことになりますので、二重の雇用関係になります。俗に「在籍出向」といわれることもあります。

出向は、基本的には社員の同意が必要になりますが、就業規則などに出向についての条件がしっかり記載されていれば、業務命令で出向させることができる場合もあります。

以上の二つと少し異なるものとして転籍があります。**転籍は、雇用契約を結んでいる会社を辞めて、転籍先の会社と新たな雇用契約を結ぶこと**をいいます。つまり、「元の会社を退職＋別の会社に入社」が転籍です。この場合、雇用契約は転籍先の会社としかありませんので、出向とは異なります。ところが、これを俗に「転籍出向」と呼ぶこともあるため、混乱してしまいますが、転籍は転籍に違いなく、**法的には出向とはまったく異なる**ものであることに注意してください。そして、転籍は、元の会社を退職することが前提になるので、**社員の同意なくしてはできません**※。

転勤は拒否できる場合もある

よく問題になるのは、転居を伴う配置転換、いわゆる「転勤」です。多くは、「家庭の事情があって、遠隔地には転勤できないのに転勤を命じられてしまった。断ることはできないのか」という相談です。**配置転換の辞令を受け、それを断ると業務命令違反になり、最悪の場合は解雇の理由にされることもある**ため、非常

※民法第625条第1項

に難しい問題になります。

ここで知っておいてほしいのは、**辞令を受けた本人にとって、その命令が著しく不利益となるなら拒否しても業務命令違反に問われないケースや、その命令自体が無効になるケースもある**ということです。

ケース1

家庭の事情で、転勤を伴う配置転換には従えない

自宅からは通勤できない、遠方の勤務地への配置転換を命じられました。しかし、私には介護が必要な老親と幼い子供もいます。夫婦共働きで、二人で協力して介護や育児に当たる必要があり、単身赴任は難しい状況です。この転勤を断ることはできないでしょうか？

解決策 その1

雇用契約で勤務地限定とあれば、転勤命令は無効

このようなケースで最初にしてほしいのは、就業規則や雇用契約書のチェックです。勤務地を変更することは、労働条件の変更に当たるため、会社に勤務地を

変更する権限がなければ基本的にはできないことになります。そこで、雇用契約上、勤務地が限定されている場合は、会社は転勤命令自体が出せないことになります。その場合、これを断っても業務命令違反にはなりませんので、会社はそれを理由として懲戒処分や解雇などの不利益な扱いはできません。このケースは、転勤を伴う出向にも当てはまります。

解決策その2

業務上の必要性がなければ配置転換はできない 不当な動機の配置転換は無効

多くの会社の就業規則には、「会社は、社員に出向や配置転換を命じる場合がある」というような一文が記載されているでしょう。これは会社には配置転換できる権利があることを意味しています。ですから、社員の事情がどうであれ、会社が遠方への転勤を命じることは直ちに違法であるとはいえません。

ただ、〝常に〟違法でないといえるかというと、そうではありません。裁判所に「この配置転換はおかしい。無効です」と訴えたとします。すると裁判所は無効かどうかを、**「配置転換を行う必要性」**、**「配置転換を行う動機、目的」**、そして転勤によって社員に**「著しい不利益があるかどうか」**の3点から判断します※。

まず、「配置転換を行う必要性」について具体的にはどういう場合をいうのか、考えてみましょう。

たとえば、その会社の業務とまったく関係がない仕事をさせるための配置転換や、特に人員を必要としていない部署への配属の場合などには「必要性がない」といえます。極端な例ですが、「君は無人島で営業活動しろ」などは業務上の必要性は皆無となります。

とはいえ、会社は何らかの「必要性」を見つけ出して配置転換するのが普通です。ですから、実際には業務上の必要性がないことを立証するのは容易ではありません。

もし、業務上の必要性があったとしても、会社が配置転換について「不当な動機、目的」を持っているか、いないかが次のポイントになります。たとえば**「労働組合の委員長だから」、「セクハラをしたら反抗したから腹いせに」、「言うことを聞かないうるさいやつだから」などの動機で命じていれば、その配置転換命令は無効**になります。

納得のいかない配置転換を命じられたら、その必要性、動機、目的は何か、会

※東亜ペイント事件／最高裁判所第二小法廷昭和61年7月14日判決

社に説明を求めましょう。

解決策 その3 転勤に応じられない理由を説明し、交渉する

遠隔地への転勤命令を家庭の事情で拒否できるのかを裁判で争った場合、裁判例を見るとなかなか労働者側が勝ちにくいのが実情です。これまで判決の多くが、「子育てや介護をはじめとする家庭の事情は転勤を拒否できるほどの理由ではない」としています。

このような判断のよりどころになっているのは1986年（昭和61）に「東亜ペイント事件」と呼ばれる事件で最高裁が下した判決です。

「東亜ペイント事件」は次のような事件でした。神戸勤務の社員が広島への転勤を命じられましたが、家庭の事情を理由に拒否。その後会社は名古屋への転勤を命じますが、これも拒否します。すると会社側は転勤拒否が業務命令違反に当たるとし、この社員を懲戒解雇したのです。そこで、社員は転勤命令と懲戒解雇の無効を訴えました。大阪地裁、大阪高裁で社員側が勝訴したのですが、最高裁はこれをひっくり返しました。

この裁判では転勤がその社員にとって「著しい不利益」を与えるかどうかが問題になりましたが、社員が訴えた家庭の事情――介護の必要性がない70歳代の母親と同居、まだ幼い2歳の長女の存在、妻が保育所に保育士として勤務し始めたばかり――があっても、最高裁は彼にとって転勤は著しい不利益を与えるものではないとしたのです。

今から30年以上前の社会では、家族が転勤に同行できなければ単身赴任すればいいというのがごく普通の考え方でした。そこでこのような判決になったのでしょうが、下級審では勝訴していたものをわざわざ最高裁が覆したインパクトは大きなものでした。

他方、近年では仕事に対する考え方が大きく変化してきました。労働契約法第3条第3項にも「労働契約は、労働者及び使用者が仕事と生活の調和にも配慮しつつ締結し、又は変更すべきものとする」との条文も入りましたし、仕事と生活の調和を考える「ワークライフバランス」の実現を、社会も企業も目指すようになっているのです。さらには、出社しなくても仕事ができるリモートワークという働き方も浸透してきました。

ですから、裁判官の考え方も30数年前とは大きく変化していると思われます。

いや、むしろ変化しなくてはなりません。育児介護休業法26条では、会社側は、社員の転勤を命じる場合、就業の場所の変更により、働きながら、子供の養育や家族の介護を行うことが困難となるなら、配慮する必要があるとしています。

実際に、このような**育児・介護休業法ができてから、通院が必要な子供の存在や、介護が必要な親の存在を理由として、転勤が著しい不利益を与えると認定した判決も出てきています**※。

今後は、子育てや介護といった家庭の事情からの転勤拒否が認められるようになっていくはずです。自分に転勤できない事情があるなら、あきらめずにきちんと交渉することが必要です。黙って命令に従うしかないという考え方は時代遅れです。

解決策 その4

いったんは転勤して、仕事をしながら裁判をする

納得のいかない配置転換を命じられ、撤回するよう会社に求めたものの、会社側が強引に配置転換命令を出してしまうこともあります。この場合、辞令に従わなければ解雇される可能性が高く、解雇されたくなかったら、異議をとどめつつ、

※育児休業、介護休業等育児又は家族介護を行う労働者の福祉に関する法律（育児・介護休業法）第26条、北海道コカ・コーラボトリング事件／札幌地方裁判所 平成9年7月23日決定、明治図書出版事件／東京地方裁判所 平成14年12月27日決定、ネスレ日本事件／大阪高等裁判所 平成18年4月14日判決など

配転命令にいったん従うしかありません。そして従いながら裁判で争います。

たとえば、東京勤務から沖縄への転勤を命じられて拒否したところ、会社からは「業務命令違反になる」と言われたとします。そのときは、「その転勤命令には不服です。裁判で争います」と告げて一応は辞令に従って転勤します。そうすれば解雇されることはありません。そして、転勤先で勤務しながら、裁判を起こして争うのです。裁判で勝てば、転勤命令は無効となります。

なかには少数ですが、命令に従わず、解雇されても、争う人がいます。しかし、この戦い方はリスクも大きいので、よくよく考えてから決断すべきです。会社を解雇されてしまうと収入が途絶えます。生活もあることですし、いったんは会社の命令に従い、収入を確保しながら、解決するほうがリスクは小さくなります。

合理性がなければ、出向も拒否できる

ケース2
業務内容が異なる子会社への出向を命じられた

商品開発にかかわる仕事をしてきましたが、人員削減のため子会社への出向を

命じられました。出向先は物流センターで、業務内容は検品と商品の梱包です。あまりにも仕事が違いすぎますし、出向先では主に立ち仕事。ヘルニアによる腰痛の持病があるのでやっていける自信がありません。出向を断れるでしょうか？

解決策

人選に合理性がなく、不利益となるような出向は無効

このケースでの出向の目的が人員削減とするなら、本当に会社の業績が悪くなり、人員を削減する必要が生じて、子会社へ出向させるという動機は直ちに不当とまではいえないかもしれません。しかし、退職に追い込むための出向だとしたら、動機は不当になります。このケースでは、一応、そうした裏の意図はないという前提で解決策を考えてみましょう。

動機が不当でないとすれば、次は「対象労働者の選定に係る事情」が問題となります。これは出向させる労働者の人選が適切かどうか、ということです。この点、これまでしてきた業務内容からすれば、商品開発部から物流センター勤務ですので、仕事内容に何の関連もなく、最適な人選とはいえません。

出向を命じられた社員にとって、出向先での労働条件や業務内容が不利益にな

るかどうかです。このケースでは出向先ではそれまでのキャリアを生かすことができません。さらに、腰痛の持病を抱え、立ち仕事が主な労働環境では健康面でも悪影響を与えかねないでしょう。したがって、人選に合理性がなく、出向を命じられた社員にとっては著しい不利益となりますので、こうした出向は権利の濫用になる可能性があります※。

このような出向命令は拒否しても業務命令違反にはならない可能性が高いですが、命令として出された場合の対処法は、配置転換の場合と同じです。

※労働契約法第14条

転籍は、打診はできても命令はできない

ケース3

転籍を拒否したら、業務命令違反に問われた

関連会社に転籍、いわゆる転籍出向を命じられましたが、現在の会社より給与が下がり、勤務地も遠方になり、自宅から通うことができません。この命令を拒否できるでしょうか？

解決策

転籍出向は業務命令できない

結論から言えば拒否できます。

先述した、在籍出向と転籍出向の違いを思い出してください。在籍出向は現在、働いている会社に籍をおいたまま出向先の企業に勤務することです。しかし、転籍出向は、いったん退職して別の会社に入社するのと同じでした。

「転籍出向しろ」という命令は「退職しろ」という命令と同じです。**退職を業務命令することはできません**。「転籍してくれないか」と打診するまではできますが、それ以上はできないのです。ですから、**転籍出向を拒否しても業務命令違反に問われることはありません**。

減給を伴う降格は、人事権の濫用に当たることも

降格とは、会社での職位を下げられることをいいます。たとえば、部長から課長に、課長から係長になどです。誰をどの職位につけるかは基本的には人事権を持つ会社の裁量といわれています。しかし、ケースによっては降格が人事権の濫

用に当たることもあります。

なお、降格には懲戒処分としての降格もあります。懲戒処分としての降格はハラスメント行為や無断欠勤など職場の秩序を乱す規律違反があった場合に行われます。

人事異動としての降格で問題になるのは、**その降格自体が権利濫用に当たらないかと、降格によって減給が生じた場合、それが正当であるか**です。人事異動としての降格は、会社が社員の能力や実績などを総合的に評価して行われます。ここでは〝評価〟が基準になりますから、ときには正当な評価がされていないケースがあります。事実無根の事情が低評価の原因となった場合、たとえば、上司がその社員を気に食わないという理由だけで低評価をする場合などです。そのようなときは人事権の濫用とされ、降格が無効となることがあります。ほかにも「熱心な労働組合員だから降格」などというのは明らかな人事権の濫用に当たります（労働組合員を理由に差別することは不当労働行為となり、その点でも無効になります）※。

ただ、裁判所は社内の事情に詳しいわけではなく、また会社には社員を自由に評価する権利があるので、はっきりした事情が立証できないと、なかなか降格を無効にするのは難しいのが実情です。

※ 労働組合法第7条第1号

もっとも、降格によって賃金がかなり下がる場合は、裁判所もその賃金減額の理由となった降格が妥当かどうかを厳格に見ます。なぜなら賃金が労働者の生活に直結するからです。

裁判で降格が無効と判断されれば元の職位に戻れますし、減給されていたらそれも無効となり、減給される前の給与と減給された給与との差額を取り戻すことができます。

ケース4

遅刻・無断欠勤を理由に懲戒処分として降格・減給された

遅刻・無断欠勤を理由に懲戒処分として降格されました。さらに、懲戒とは関係なく減給もされてしまいました。遅刻・無断欠勤は反省していますが、降格、しかも減給には納得できません。この降格と減給を無効にしたいのですが。

解決策 その1

就業規則に懲戒処分としての降格の記載がなければ無効

このケースの降格は「懲戒処分としての降格」です。懲戒処分として降格するには、就業規則に懲戒処分をする場合があること、どういう場合に懲戒処分となるか、どんな内容の懲戒処分があるかが明記されている必要があります※。

就業規則に、「正当な理由がないのに遅刻を繰り返したり、○日間無断欠勤をしたりしたときには懲戒処分にする」というような条文があれば懲戒処分をすることができます。さらに、その場合には懲戒の種類として降格があるという記載も必要です。もしそうした定めがなければこの降格は無効です。

労働契約法第15条、労働基準法第89条第9号

解決策 その2

賃金の一方的な減額は、労働者の同意なしにはできない

賃金は労働契約で定まるものです。したがって、会社が一方的に賃金を減額することはできません。ですので、降格があったとしても、それだけで直ちに賃金の減額ができるわけではないのです。

降格によって賃金を減額する場合は、**職位と賃金とが結びついている制度が労働契約や就業規則などに定められている必要があります**※。それがないのに、降格だから減給する、というわけにはいかないのです。

また、評価によって賃金を下げる場合も同様です。たとえば、評価がAであれ

労働契約法第6条・第7条、労働基準法第89条第2号

ば賃金はいくら、評価がBなら賃金はいくらというように、**評価と賃金の対応関係が労働契約や就業規則などに明示されている必要があります**ので、これがあるかどうかを確認します。もし、そのような基準がないのに、「前はA評価だったけど今回はC評価だから、給料2割減だ」と言われても、それは根拠がないので無効です。

何の基準もない減額について、イヤだと思ったら「イヤです」と言って断りましょう。しかし、A評価の場合は何十万円、Bの場合は何十万円、Cの場合は何十万円というように評価と給料の額が決まっている場合は「君の営業成績はC評価だから給料○○万円だ」と言われると、その基準が合理的かつ評価が公正で人事権の濫用ではない限り、減額は有効になります。

以上が、正社員ならではのトラブルと解決策です。次に契約社員について見てみましょう。

契約社員（有期雇用）

契約社員ならではのトラブルとしては、契約更新の拒否による雇止め、有期契約から無期契約への転換がスムーズに行われないといった問題があります。

正当な理由なしでは「雇止め」できない

契約社員というと、多くの場合は有期雇用の社員を指します。有期雇用は、あらかじめ働く期間が決められている雇用形態です。**そこで契約の期間が満了になれば、契約は終了になります。しかし、有期雇用でも、終了には「合理的な理由」と「社会通念上相当性」のある期間終了という二つの条件が必要になる場合があります。**

二つの条件が必要とされる場合とは、有期契約が名ばかりで、実質的には無期契約と同一視できるような場合です※。たとえば、契約期間が満了しても、改め

※労働契約法第19条第1号

て契約書を作成するわけでもなく、ただただ自動更新をしていたような場合です。

さらに、契約更新への期待することについて合理的な理由がある場合です※。たとえば、何年間にもわたり、何回も契約が繰り返し更新され、当然、次の契約も更新されるだろうと期待できるような場合です。

有期雇用の社員に対し、会社が契約更新を拒否するのが、いわゆる「雇止め」です。ここ数年、業績の悪化を理由に契約更新に応じない、「雇止め」をする会社が増えてきました。

しかし、無期契約と同一視できるような契約社員や契約更新が合理的に期待できるような契約社員に対しては、契約更新をしない理由が正当と判断されなければ雇止めはできません※。業績の悪化だけを理由に雇止めはできないのです。

※労働契約法第19条第2号

※労働契約法第19条

ケース5

毎年更新されていたのに突然の契約終了を告げられた

契約社員として働き始め、3年になります。契約の期間は1年です。最初の年だけ、契約の更新をしましたが、その後は特に更新のための契約をしていません。それが4年目になり、突然、契約終了だと言われました。理由を聞くと、「1年契約で満了だから」とのことです。今まで当然のように更新してきたのに納得できません。辞めたくないのですが、有期雇用では仕方ありませんか？

解決策 その1

契約書に期間の定めがなければ雇止めはできない

会社で契約社員と呼ばれていても、無期雇用の人もいます。自分の契約内容が有期なのか無期なのかをきちんと確認しましょう。**契約書に契約期間が書かれていなければ、原則として無期契約です**。もし、何も書かれていなければ無期契約になりますので、「契約期間が満了」という理由で契約終了はできません。

解決策 その2

次回更新への期待に反する終了は、無効になることがある

期間の定めのある雇用契約でも、その契約が何回も続けて更新されていると、「今年も更新されるだろう」という期待が生まれてきます。期待していたのに「有期だったから、もうこれで終了です」と言われても納得できないですし、困惑もするでしょう。その賃金を生活費にあてて生きているのですから、いきなり

収入が断たれてしまうのは死活問題です。

もし次の契約更新を期待する理由が合理的なものだといえるなら、その雇止めは期間満了という理由だけでは無効になります※。契約更新を期待する理由が合理的といえる、代表的な事情は以下のようなものです。

1 毎回契約が更新されてきたこと（回数が多いほどよい）

2 自分が任されている仕事が期間満了で終わる仕事ではなく継続して存在していること

3 会社から契約の更新を期待させるような言動があったこと

4 自分と同じように有期雇用なのに雇止めされた人がいないこと

たとえば有期雇用の事務職で、何回も更新を繰り返し、上司から「来年度も期待しているよ」などの声をかけられており、同僚のAさんも、Bさんも契約が更新されているという状況であれば、契約更新を期待する理由として合理的であるといえます。

このほか、契約更新について、雇用契約書を確認することも大切です。契約書に期間満了時に更新の有無が明示されているか、更新する際の条件や更新する判断基準が記載されているかをチェックしましょう。更新が「有り」となっていて、

※労働契約法第19条第2号、日立メディコ事件／最高裁判所第一小法廷 昭和61年12月4日判決

書かれている基準も満たしているような場合は、契約更新を期待する理由は合理的であるといえるでしょう。

このように、さまざまな事情を総合的に見て、合理的な理由があると判断できれば会社に契約更新を要求することができます。

解決策 その3 無期雇用と変わらない働き方をしていれば無効になることがある

有期雇用とされながらも、実質的には無期雇用と変わらない場合があります。たとえば、「1年契約です」と言われ、最初の1年目だけ契約を結び、以来10年以上も契約書などを一度も取り交わさず、更新の意思も確認されないで働いてきたのならば、それは実質的に見て無期雇用と同じと考えられます※。

ですから、いきなり「あなた有期雇用だから終わりです」と告げられても、理由が期間満了というだけであれば、その雇止めは無効になります。このような場合、雇っている側は雇止めの合理的な理由と、その理由について社会通念上の相当性が必要になってきます※。

そこで、更新終了の理由が「遅刻」くらいのささいな理由しかなければ、雇止

東芝柳町工場事件／最高裁判所第一小法廷 昭和49年7月22日判決

労働契約法第19条第1号

めは無効になる可能性が高いといえます。

ケース6 今回で終わりという契約の不更新条項を加えられた

これまで何度も契約を更新してきましたが、今回、更新したら契約書に「今回で終了」という文章が入り、承諾のハンコを押すように言われました。そこで押印して提出したんですが、本当に次は契約更新できないのでしょうか？

解決策 不更新条項が記載されても更新できる場合がある

次回は更新しないという1条を「不更新条項」といいます。いきなり雇止めをすると無効とされる可能性があるため、こうした条項を契約書に入れて、雇止めをしやすくしていることがあります。悪質な例では、これまでは1年ごとの更新だったのに、更新する際、「1カ月の契約」というように契約期間を短くして、かつ、その契約書に不更新条項が記載されているものがあります。

この場合、契約期間を短くしたことや不更新条項を入れたことについて、**会社**

が合理的な説明ができなければ、明らかに雇止めをするためだけに期間を短くして契約を更新したとみなされ、そのようなやり方自体が社会通念上相当ではないとされる可能性が高くなります。

また、その契約社員が行っていた業務が、今後も続いていく場合は、単に不更新条項だけを入れても、なぜ次の契約で雇止めしなければならないのかが問われることになります。その契約社員の契約を終了させたいのであれば、合理的な理由と社会通念上の相当性が必要になり、それがなければ無効になります。

以上のように、不更新条項がある契約書にハンコを押してしまっても、契約更新をあきらめる必要はありません。なぜ、不更新条項が加わったのか、その理由を確認しましょう。実際に無効になった裁判例があります※。

※明石書店事件／東京地方裁判所 平成22年7月30日決定

5年を超えて更新されると無期雇用に

有期雇用の契約社員は**同じ会社で契約の更新をし、その通算期間が5年を超えれば無期雇用に転換できる権利**（無期転換申込権）が発生します。この無期転換は２０１２年（平成24）に改正された労働契約法により始まりました※。

※労働契約法第18条

〝5年〟というのは各契約期間を通算して5年です。たとえば1年契約を5回更新したら、ちょうど5年になり、もう1回契約すると5年を超えます。すると無期転換申込権が発生するのです。

無期転換申込権が発生したら、いつでもその契約期間内に権利を行使できます。ここで注意したいのは自動的に契約が有期から無期に転換するのではないということです。無期転換を希望するなら、権利が発生したあとで、**無期転換を会社側に申し込む必要**があります。申し込みをしなければ5年目以降も有期雇用社員のままですが、次の期間に無期転換を申し込むこともできます。

図1-2を見てください。1年目、2年目、3年目、4年目、5年目と更新し、6年目の契約に入ると通算の契約期間が6年となり、5年を超えるので無期転換申込権が発生します。そして、この期間内に無期転換を申し込むと、次の契約から無期雇用になります。**6年目はまだ有期雇用扱いですが、この期間満了時に雇止めをしても無効**となります。

ケース7

無期転換期前に権利の放棄を強制された

図1-2

無期転換のルール

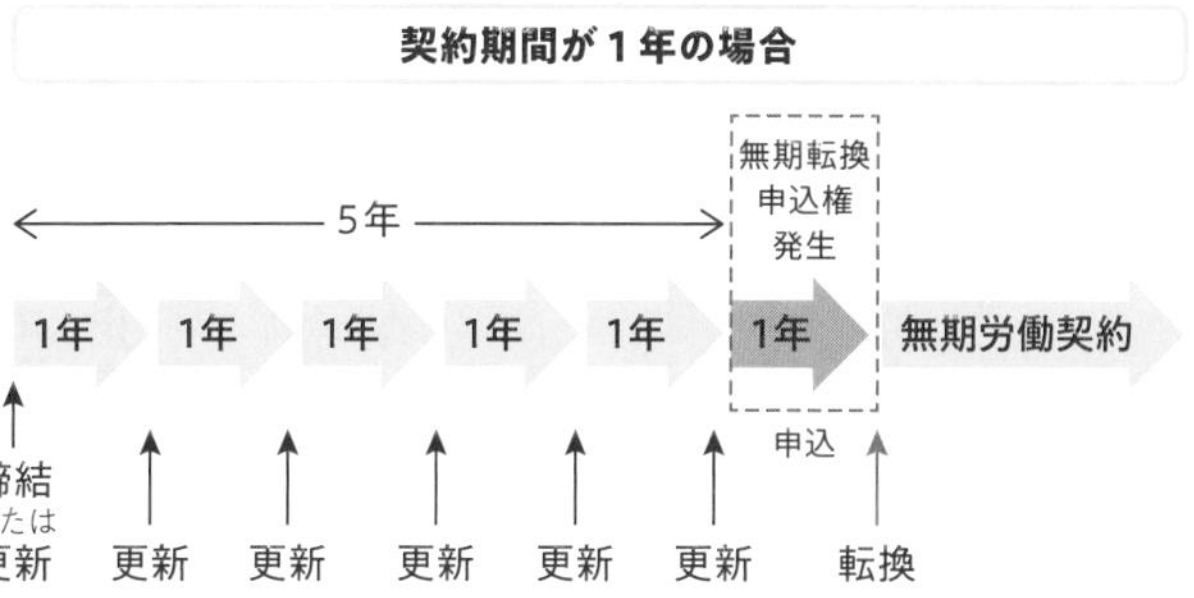

厚生労働省リーフレット「はじまります、"無期転換ルール"」より作成

有期雇用社員として5年目を迎えました。次の更新から無期転換申込権が発生します。ところが、契約を更新する際に「無期転換申込権は行使しません」と書かなければ更新はしないと言われ、仕方なく「行使しない」と書き、署名捺印してしまいました。でも、本心は無期雇用にしてほしいのですが、無期転換申込権を行使できるでしょうか?

解決策

権利の事前放棄や、阻止のための雇止めは許されない

無期転換申込権の行使で発生するトラブルとしては、まず一つが、無期転

換させたくないので契約5年目で雇止めすることです。

しかし、**無期転換申込権を行使させたくないという理由は合理的な理由ではなく、その理由での雇止めはできないので、無効**になります。裁判例も最近少しずつ出始めています※。

もう一つは、無期転換申込権を行使させないために「無期転換申込権は使いません」と契約の際に書かせ、事前に放棄させることです。これが許されると、法律で無期転換申込権を定めた意味がなくなるので、事前に放棄させることは無効とされています※。

※高知県公立大学法人事件／高知地方裁判所 令和2年3月17日判決、博報堂事件／福岡地方裁判所 令和2年3月17日判決

※労働契約法施行通達

ケース8 無期転換したら給与が減ると言われた

無期転換を申し込もうとしたら、給与が現在より減り、転勤を伴う配置転換もあるから、「有期雇用のほうがいいよ」と言われました。無期転換申込権を行使すると労働条件が悪くなることはあるのでしょうか？

解決策

無期雇用に転換した社員の労働条件は、原則変わらない

法律上は、無期転換申込権を行使すると労働条件がそれまで以上に良くなることも、悪くなることもなく、以前と変わらず、**期間だけが無期になるのが原則**です※。たとえば月給20万円だったのが、無期に転換したからといって、減給されることも、昇給することもありません。

ただ、なかには、「有期雇用社員の就業規則」、「有期雇用から無期になった人の就業規則」、「正社員の就業規則」と、三つの就業規則を用意している会社もあります。そのような会社では、無期転換した場合は、無期になった人の就業規則に従って労働条件が変わることもあります。

しかし、有期雇用から無期雇用に転換させたくないので、無期転換後に労働条件が極端に悪くなるような就業規則を設けているのであれば、それは無期転換申込権を事実上阻止する就業規則と考えられます。するとその就業規則の定めが無効になる場合もあります。

ここで難しいのが、配置転換です。

有期雇用の契約社員には、転勤や配置転換はないのが普通です。そこで無期転換したら「転勤や配置転換がある」と告げて、「有期のままでいいです」と言わ

※ 労働契約法第18条第1項

せる会社も少なからず存在します。ただ、無期転換しただけで賃金も変わらないのに、転勤や配置転換があるというのもおかしな話です。**あからさまに無期転換の申し込みを妨害しようというものであれば、その規定自体が無効となる可能性もあります**。ただ、賃金などの待遇も含めて現在より労働条件が向上し、かつ、転勤・配転が定められている場合には、その規定は直ちに無効にはならないといえます。

クーリング期間も注意しよう

ケース9

5年目で、いったん退職して再度契約を結ぶように要求された

もうすぐ、更新が5年を迎えます。すると会社から、退職金を出すのでいったん契約を解消して、6カ月は失業保険で生活し、その後、また契約を結ぶと言われました。私は、契約を続行して無期転換申込権を取得したいのですが、この申し入れに応じたほうがいいのかわかりません。

図1-3

クーリング期間の考え方

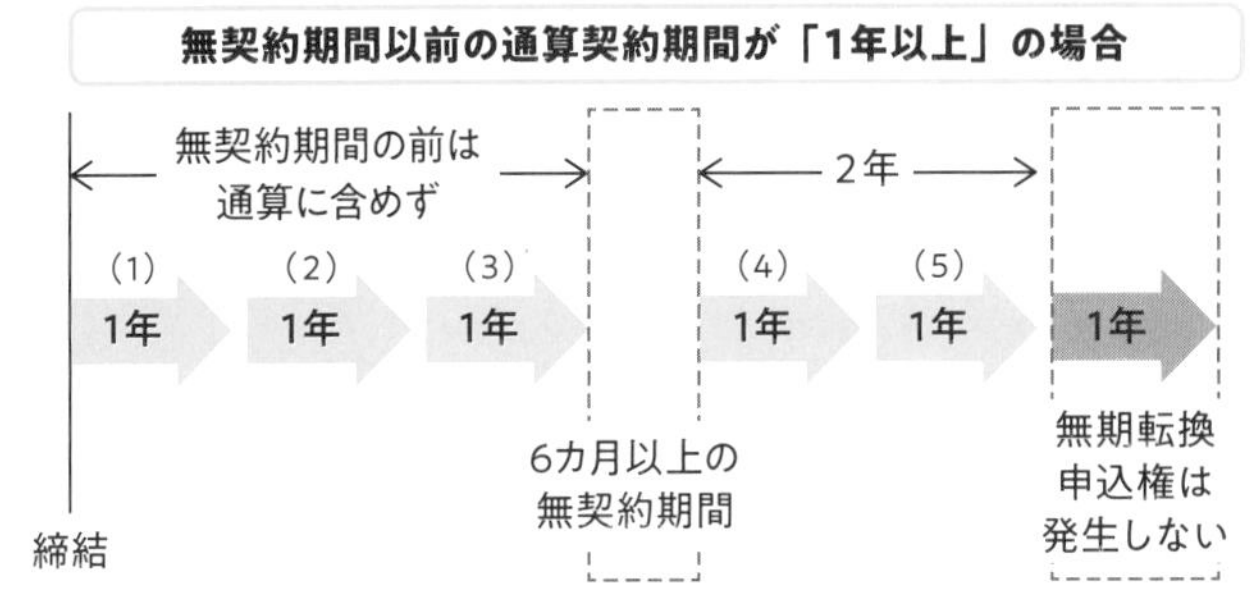

厚生労働省「無期転換ルールハンドブック」より作成

解決策

無期転換申込権を取得したいなら、契約を解消してはいけない

通算で5年を超えて契約を更新したら、無期転換申込権を取得できると説明しました。ここで注意したいのは通算5年に含まれない「クーリング期間」があることです。

クーリング期間とは有期雇用社員が同じ会社で労働契約を結んでいない期間を指します。5年の間に、契約を更新していても、クーリング期間がどこかにあると通算5年とはみなされず、無期転換申込権を取得できないのです。

図1-3のように3年更新したところで、6カ月以上の無契約の期間＝

クーリング期間があると、そこまでの3年間はリセットされ、通算契約期間に含まれなくなってしまいます※。そして、無契約期間が終わって、再度契約すると、またそこから契約期間のカウントが始まることになります。ですから、クーリング期間を入れていくと、永遠に有期雇用のままになってしまうのです。

このケースは6カ月間のクーリング期間を意図的に設け、無期転換を阻止する処置といえるでしょう。会社から、クーリング期間を提案されても応じないほうがいいでしょう。さらに、再契約を約束しての雇用保険（失業保険）の受給は違法ですので、この点でも注意が必要です。

ここまで契約社員に起こりやすいトラブルとして、雇止めの問題や有期雇用から無期雇用への転換に伴うトラブルをあげ、その解決策を説明してきました。次はパート・アルバイトのトラブルと解決策をあげていきます。

※労働契約法第18条第2項

パート・アルバイト

パートタイマー（以下パート）は、その職場においてフルタイムで働いている労働者よりも短い時間で働く労働者をいいます。一方、アルバイトは俗語で、法律上、アルバイトとは何かを示す条文はありません。ただ、実際の働き方を見ると、パートもアルバイトも同じ働き方をしていることが多いので、雇用形態という点では、パートとアルバイトの間に大きな違いはありません。

パート・アルバイトにも無期雇用と有期雇用があり、契約社員と同様の雇止めや無期転換にかかわるトラブルが起こり得ます。これらのトラブルと解決策については、「契約社員」を参照してください。

雇止め、無期転換以外の問題としては有給休暇の取得があげられます。

条件を満たせば有給休暇が取得できる

有給休暇というと正社員だけしか取れないと思っている人がいるかもしれません。しかし、**主婦のパートでも、学生アルバイトでも条件さえ満たせば、有給休暇を取得できます**。

その条件ですが、採用されてから6カ月以上継続して働き、契約で決められた労働日数の8割以上を出勤しているという条件です。この条件を満たしていれば、図1－4のような有給休暇が取得できます※。

毎日出勤するパートではなく、シフト制で週3日あるいは1日の出勤でも、条件さえ満たしていれば有給休暇は取れるのです。ですから、たった週1日の学生アルバイトでも、6カ月間同じ会社で働き続けていれば1年に1日の有給休暇が取れることになります。

※労働基準法第39条第3項

ケース10
シフトを交替したので、有給休暇にはならないと言われた

毎週月・水・金曜日のシフトで1日5時間（週15時間）のパート勤務を5年半

図1-4

パート・アルバイトの有給休暇取得条件

週所定労働時間	週所定労働日数	1年間の所定労働日数	勤続期間 6カ月	1年6カ月	2年6カ月	3年6カ月	4年6カ月	5年6カ月	6年6カ月以上
30時間以上			10日	11日	12日	14日	16日	18日	20日
30時間未満	5日以上	217日以上							
	4日	169日～216日	7日	8日	9日	10日	12日	13日	15日
	3日	121日～168日	5日	6日		8日	9日	10日	11日
	2日	73日～120日	3日	4日		5日	6日		7日
	1日	48日～72日	1日	2日			3日		

東京労働局リーフレット「しっかりマスター労働基準法―パート・アルバイト編―」より作成

続けています。有給休暇が取れるはずなので、月曜日に有給休暇を取りたいと申し出ました。すると会社から、火曜日の人とシフトを変わればいいのだから、有給休暇にしなくてもいいだろうと言われました。シフト制では有給休暇は取れないのでしょうか？

解決策

シフト制でも有給休暇の取得は可能　有休の日数により有給休暇を取らせる義務もある

当然ですが、シフト制でも有給休暇は取得できます。先ほどの図1-4を見てみましょう。週3日で30時間未満の労働時間を5年半続けていますから、年間10日間の有給休暇が取れます。シフトを交替して休むことができるとしても、そういった事情とは関係なく有給休暇は取れます。

しかも、2019年（平成30）4月1日に法改正があり、**会社は10日以上の有給休暇を持つすべての労働者に、毎年5日間の有給休暇を実際に取らせることが義務付けられました**※。

もしこれに違反すると罰則が与えられます※。これは正社員にもパートにも、すべての社員に適用されます。したがって、たとえシフト制で勤務していても、有給休暇を取得することはできますし、むしろ、このケースの場合は年間の有給休暇日数が10日となるので、会社は最低でも5日間の有給休暇を実際に取得させないと違法となります。

※労働基準法第39条第7項

※労働基準法第120条第1号

派遣社員

派遣はもともと短期間だけ、必要な労働力を提供するものだったのが、いつの間にか恒常的に労働者を提供する形態になってしまった働き方です。**現在も法律上は、派遣社員は臨時的な社員として一時的に使用する雇用形態**とされており、派遣社員は同じ派遣先で働けるのは原則として3年が限度とされています※。

ただ、実際は働く部署を変えるなどすれば3年以上同じ派遣先で働けたり、派遣元と無期雇用をしていればこの制限はなくなったりするので、制度としては弱い規制だといえるでしょう。派遣という雇用形態が非常に複雑なことはすでに説明しましたが、その複雑さが理由で起こる派遣社員特有のトラブルに派遣切り、低賃金、偽装請負、二重派遣、契約内容と異なる仕事などがあげられます。

それぞれに起こり得るトラブルとその解決策を見ていきましょう。

※3 労働者派遣法第35条の

派遣先企業は簡単に派遣切りできない

派遣社員のトラブルとして、よくあげられるのが不景気を理由にした「派遣切り」です。会社が人員削減をする際、まず派遣社員から削減していくことは珍しくありません。それは派遣社員と派遣先企業の間には雇用契約がないからです。

派遣社員が雇用契約を結んでいるのは派遣会社（派遣元）です。ですから、派遣先企業が派遣社員に「派遣会社との派遣契約を解除した」と言えば、もう派遣社員は派遣先企業で働けなくなってしまい、あっという間に職を失ってしまうのです。

しかし、労働者派遣法では簡単に派遣切りができないよう、労働者を保護する条項を定めています。

ケース11

1年間の契約だったのに途中で派遣は終了と言われた

期間1年の契約でしたが、あと2カ月を残して派遣会社から「派遣先企業の都合で派遣を終了してほしい」と言われました。ここで仕事を辞めると収入が途絶え、生活にも困ってしまいます。

解決策

派遣先企業は、派遣会社に休業手当相当額以上を賠償する必要がある

派遣先企業は**自分たちの都合で派遣社員の受け入れを終了する場合には、派遣会社に派遣社員の休業手当を支払わなくてはいけない**ことになっています※。休

2　労働者派遣法第29条の

業手当とは、労働基準法第26条に定められている手当で、使用者の都合で休業する場合に労働者に支払う手当です。法律では、平均賃金の60％を支払うことが義務付けられています。平均賃金とは、手当や補償、減給制裁の制限額を算定するときなどの基準になるもので、労働基準法で定められています※。

このケースでは1年の契約を10カ月で打ち切ったわけですから、派遣先企業は少なくとも2カ月分の休業手当相当額を派遣会社に支払い、それを派遣社員は受け取ることができます。

また、このような場合、**派遣先企業は派遣社員に新しい就業先を見つける必要がある**ともしています。もし、子会社や関連会社があれば、そこで働けるようにしなければならないということです。それができないときには、前記の休業手当相当額以上の賠償が必要です。

※労働基準法第12条

派遣社員も最低賃金を下回ってはいけない

派遣社員の給与は派遣先企業からではなく派遣会社が派遣社員に支払います。たとえば、派遣先企業が、派遣会社に派遣料金として30万円を支払っていても、派遣社員はそのまま30万円を受け取ることはまずありません。その30万円から派遣会社が経費などを差し引いた残りが給与として派遣社員に支払われるのが普通です。どのくらい差し引いているのかは派遣会社や職種によって違いますが、一般的には20～30％といわれています。

派遣料金から派遣会社が差し引くお金をマージンといい、その割合についてはマージン率といいます。派遣労働では、このようにマージンが差し引かれるため、派遣労働者が受け取る賃金がその労働の価値より低いものになってしまうことがあります。この点では、やはりあまりいい雇用形態とはいえないでしょう。

なお、賃金には最低賃金法という法律があり、**都道府県ごとに時給換算での最低額が決められています**※。当然ですが、**派遣社員もこの最低賃金法が適用されます**（コラム「最低賃金をクリアしているか?」127頁参照）。

※最低賃金法第9条

ケース12
支払われた時給が、最低賃金を下回っている

千葉県にある派遣会社から東京都内の派遣先企業に派遣され、働いています。千葉県では時給925円が最低賃金なのですが、東京都の最低賃金は時給

1013円です。一体、どちらの最低賃金が適用されるのでしょうか？（金額は2021年1月現在）

解決策

賃金は派遣先都道府県の最低賃金が適用される

派遣先企業の所在地が東京都なら派遣会社がどこにあろうと、東京都の最低賃金時給1013円が支払われなければなりません。また、**派遣会社と派遣先企業が最低賃金ぎりぎりの契約を交わし、派遣社員に最低賃金を下回る額しか支払っていなければ、これは違法**になります。

残業を行ったときには派遣社員に残業手当を支払う必要があります。1日8時間の労働契約で10時間働いたのなら、2時間は残業ということになり、その残業手当は派遣会社が派遣先企業に請求します。そして派遣社員には最低でも労働基準法に従った額の残業手当を支払わなければなりません。

それを「残業手当の請求はできない」などと言って残業手当を支払わなかったら、違法になります。実際に残業手当が支払われないケースは皆無ではありません。

最低賃金は守られているか、残業手当は支払われているか、きちんと確認しましょう（残業手当については96頁参照）。

派遣社員の業務委託契約は違法

悪質な人材派遣会社では、本来なら派遣社員と雇用契約を結ぶところを、業務委託契約にしてしまうことがあります。そして、本来は派遣先企業となるべき企業から派遣会社が業務を請け負って、自社の下請けとして派遣社員を働かせてしまうのです。

この場合、派遣先企業となるべき企業が派遣社員に仕事を命じ、時には残業までさせることがあります。しかし、派遣会社と派遣社員との契約は業務委託となっているため、残業手当は支給されないし、社会保険にも加入しないというケースがあります。

派遣社員として採用される際、業務委託契約を結ばされていたのなら、それは偽装請負に当たり、法律違反です。

ケース13

残業手当の請求ができず、説明を求めたら業務委託と言われた

Ａ社の派遣社員として、Ｂ社に行ってコンピュータにデータを入力する仕事をしました。９時に出社すると、データが渡され、それをその日のうちに入力するよう求められました。データが多い日など10時間を超えて作業した日もあります。派遣が終了し、給与明細を見たら、残業手当が入っていません。説明を求めると、「業務委託なので請求できない」と言われました。一体、どうなっているのか理解できません。

解決策

派遣は雇用契約なので、残業手当の未払いは法律違反となる

業務委託とは、会社など（委託者）が特定の業務を業者（受託者）に発注（委託）することを指します。業務を受けた業者は納期までに仕事を完了し、委託者からその対価を得ます。この際、仕事を受けた業者は納期を守れば、どのような仕事の仕方をしてもかまいません。業者が個人なら、納期さえ守れば、委託会社に定時に出社する必要はないし、働く時間も自分で自由に決められます（業務委託につ

いては77頁「フリーランス」参照)。

このケースを見てみましょう。**派遣社員は9時出社と決められ、その日のうちにデータ入力しろとの指揮命令をB社から受けています。ですから、業務委託とはいえません**。

ところがA社は、派遣社員と本来なら雇用契約を結ぶところを、業務委託契約にしてしまっています。そのため、派遣社員は個人事業主扱いになっています。しかし、仕事内容や契約内容からすると、B社のルールのもとに時間的場所的に拘束され、入力の仕事について断る自由もなく、仕事もA社またはB社の指揮命令によって行っています。この働き方は業務委託契約ではなく、雇用契約を結んでの働き方だといえます。したがって、**残業手当を払わないことは労働基準法違反**となります。

さらに別会社へ派遣するのは違法

ケース14

派遣先企業からさらに違う企業を紹介された

派遣社員としてA社に赴いたら、そこからB社に行くよう依頼されました。これはどういうことなのでしょう。

解決策

二重派遣となり、法律違反となる

派遣会社から派遣された労働者を受け入れたA社が、さらにB社に派遣するのが二重派遣です。二重派遣ではA社がB社から紹介料を受け取っています。すると、その分、B社に派遣された労働者の収入が減ることになります。これはB社と労働者の関係は雇用関係ではないため、ただの労働者供給事業となることから、**職業安定法で禁止**されています※。このような依頼を受けたら、派遣会社に連絡して対処してもらいましょう。もし派遣会社も了解のうえで二重派遣をしているなら、労働局に相談しましょう。

このような二重派遣が偽装請負に利用される以下のようなケースがあります。

派遣先企業A社と業務請負契約があるB社があるとします。派遣会社はA社に労働者を派遣。派遣社員はA社の仕事として、B社からA社が請け負った作業をします。このとき、A社の指示ではなく、B社の指示を受け、仕事をしているな

※職業安定法第44条

ら、それは偽装請負が疑われます。また、もしこれをA社からB社への派遣だとしても、それは二重派遣となります。

ケースによっては二重派遣がさらに三重になることもあり、そこに偽装請負や出向まで加わるなど、かなり複雑になるケースもあります。

二重派遣や偽装請負は、中間搾取による低賃金や長時間労働など、労働者にとって大きな不利益を強いられることになります。**派遣先から違う派遣先に赴くように指示されたり、派遣先企業とは違う会社から指揮命令を受けたりしたら、違法状態**だと思ってください。

契約内容と違う仕事は断ってもいい

ケース15 契約内容と違う仕事を依頼されたので、断りたい

経理事務の契約で派遣されたのに、派遣先企業に行ってみると営業の仕事でした。これを断ると契約違反になるのでしょうか？

解決策

契約内容と違うと断ることができる

労働者派遣法により、**派遣会社は派遣社員を派遣先企業に派遣するときには、就業条件明示書を交付する義務があります**※。明示書には業務内容、就業場所、就業時間などを記載しますが、業務内容はできる限り具体的に書くことが求められています。もし、就業条件明示書を派遣会社が発行しないといったら、それは法律違反となります。明示書は書面でなくメールやＳＮＳ、ＦＡＸで交付されても違反ではありません。

派遣社員は、派遣先企業で明示書に記載されている業務内容以外の仕事を依頼されたら、その求めに応じる必要はありません。たとえば経理なのに営業の仕事、秘書業務なのに電話注文を受ける仕事など、明らかに内容が違う場合は断れるのです。このような場合、派遣社員は派遣会社に連絡して、派遣先企業にこの問題を解決してくれるよう依頼します。

派遣先企業が社員にさまざまな仕事をさせているような企業で、就業条件明示書のことをよく理解していなかった場合には、派遣会社との話し合いで問題を解決してもらいます。もし、派遣会社が派遣先企業の要望を聞き間違えていたら、

※労働者派遣法第34条

他の派遣スタッフに交代するケースもあります。

派遣先企業には「派遣社員はなんでもやってくれる便利な存在」と思っているところもあり、業務内容は経理と書いていても実際はお茶くみや電話応対、コピー取りなどの雑用を任せることもあります。任された仕事が明示書に記載された内容と異なっていても自分の許容範囲なら従っても問題はありませんが、あまりになし崩し的に従ってしまうのは、よくありません。

自分の許容範囲を超えている場合や「おかしいな?」と思ったら、派遣会社に相談し、改善を求めましょう。改善が期待できなければ労働局に相談することもできます。**なお、仕事内容が明示されたものと異なっている場合は、派遣期間の終了前に退職しても契約違反にはなりません。**

派遣先企業が派遣社員を採用するのは阻止できない

ケース16

派遣先企業の正社員になりたいが、契約書で禁じられている

派遣会社との契約書には「派遣先企業の正社員になることを禁じる」といった

内容の項目があります。でも、できれば派遣先企業の正社員として働きたいと思っています。私から正社員にしてくれるよう要望はできますか？

解決策

派遣社員に対して、派遣先への就職を禁じるのは違法

派遣社員が派遣先企業に正社員として採用を求めることはよくあることです。その要望が通ればいいのですが、派遣先企業には採用の自由があるので要望を受け入れる義務はありません。

もし、要望が通り、採用となった場合、派遣会社が派遣社員に対して、派遣先企業に就職することを禁止することはできません。実際、派遣会社のなかには**契約事項に「派遣業務終了後には派遣先企業の社員にはなれない」という項目を記載している会社もありますが、これは違法**です※。

派遣は不安定な働き方なので、労働者にとっては安定した正社員という雇用形態で働くほうが望ましいのです。それを妨害することは禁じられています。ひどい契約書には**派遣会社と派遣先企業との契約のなかに派遣先企業は派遣社員を採用してはいけないなどと記載してある場合もあります**。**これも違法**ですので無効

※労働者派遣法第33条第1項

です※。

派遣社員の事前面接は禁止されている

ケース17

面接を受けたあと、派遣先企業から不採用と言われた

派遣先企業との面接が行われ、これまでの業務経験や資格、パソコンスキルなどについて30分程度話しました。ところが後日、派遣会社から、派遣先から今回は不採用との通知が来たと告げられ、働くことができなくなってしまいました。

※労働者派遣法第33条第2項

解決策

派遣先企業が派遣社員の採用・不採用を選択するのは違法

派遣という雇用形態では労働契約を結んでいるのは派遣会社と労働者です。派遣先企業とは労働契約を結んでいません。**派遣先企業に採用・不採用を決める権利はありません**※。

派遣先企業は、派遣会社が派遣した労働者はどのような人が来ても受け入れな

※労働者派遣法第26条第6項

ければいけないのです。ですから、**派遣先企業は派遣社員に履歴書の提出を求めることもできません**。

ところが、面接は禁止されていても、「面談」や「派遣現場の下見」という名目で行われていることがあります。業務内容の打ち合わせやスキルの確認などを「面談」で行うことができるのですが、実際は「面接」とたいして変わらず、不採用とされることもあります。しかし、採否を派遣先は決定できませんので、それは違法となります。

ただし、後述の**紹介予定派遣の場合は直接雇用する可能性があるので、面接をしても違法にならない場合があります**。

ケース18 紹介予定派遣で6カ月働いたが、採用されなかった

紹介予定派遣ということで面接を受け、6カ月働きました。正社員に採用されると期待して一生懸命働いたのですが、不採用になってしまいました。法律違反ではありませんか？

解決策

不採用は法律には違反しない
あまり例はないが期待権侵害を問えることもある

派遣では事前面接が禁止されていますが、紹介予定派遣では認められています。紹介予定派遣は派遣期間終了後に派遣先企業と派遣社員が合意すれば正社員になれるという派遣です。

この働き方で問題になるのは、**派遣先企業には、いくら紹介予定派遣でもその派遣社員を採用する義務はない**ということです。あくまでも採用は派遣先企業の自由だからです。「働いてもらいましたが、当社が望む人材とは少し違うのでお断りします」と言われてしまえばそれまでなのです。

その会社の直接雇用の正社員の試用期間とは大きく異なります。この場合は試用期間中に不採用を告げられたら本採用拒否として、解雇と同じようなロジック（130頁参照）で会社を訴えることができます。これはその正社員と会社との間に雇用契約が結ばれているからです。しかし、**紹介予定派遣の派遣社員と派遣先企業の間に雇用契約は結ばれていません**。**ですから、派遣期間が終了したら、社員として採用するかどうかは、派遣先企業の自由**となってしまうのです。

派遣社員にしてみれば、紹介予定派遣ということで面接までして働いたのですから、期待を持ちます。一生懸命働いたのに不採用になるケースがあり、トラブルになりますが、派遣会社にも派遣先企業にも不採用にした責任を取らせることはできないのが実情です。

しかし、働いている最中に、**派遣先企業側から「正社員になってほしい」、「来年も来てほしい」などと常に言われ、それを録音するなどして証明ができる場合は、期待権侵害として慰謝料が発生するかもしれません。**

フリーランス

フリーランスは**雇用契約を結んで働く労働者と異なり、保護についてはかなり弱い立場**にあると思ってください。その理由を少し説明しましょう。

フリーランス以外の労働者は使用者と雇用契約を結び、使用者の指揮命令の下で指示された仕事を行い、その対価として賃金を受け取っています。この関係を濫用して、使用者が労働者を自分の好き勝手に使ったり、理不尽な要求を押し付けたりすることが、時としてあります。その結果として、労働者が病気になったり、最悪のケースでは生命が脅かされたりすることもあります。そのような危険を防ぐために、さまざまな法律を定め、労働者を保護しているのです。

一方、フリーランスは独立した自営業者として扱われます。したがって、引き受けた仕事についても基本的に進め方は自由。危険な仕事ややりたくない仕事は断れます。仕事を断ったために1社の仕事がなくなっても、他社の仕事をすれば生活費は稼げると想定されています。ですから、フリーランスは彼ら以外の労働者ほど法律で保護しなくても生活していけると思われているのです。

しかし、フリーランスでも、1社で専属的に仕事をしている人もいます。すると前記のような想定からは少し外れてくるので、フリーランスと他の労働者との境目のような立場になってしまいます。そのような立場のフリーランスではトラブルが起こると、なかなか解決できないことがあります。

ではフリーランスに起こり得るトラブルと解決策を見ていきましょう。

終了後に報酬を減額するのは法律違反

ケース19

依頼時に提示された報酬が減額された

消費者アンケートの電話による回収を手伝ってくれるなら、データ入力の仕事を10万円で依頼すると言われ、仕事を請け負いました。ところが、支払日になって8万円に減額してほしいと言われました。本業とは異なる仕事を無料で手伝って、そのうえ減額なんて、ひどいと思いませんか。

解決策

独占禁止法で支払額の減額は禁止されている

まず、仕事を発注する見返りに他の仕事を無償でさせるというのは、独占禁止法（私的独占の禁止及び公正取引の確保に関する法律）で禁じられています※。

わかりやすい例をあげましょう。スーパーなどで商品を陳列する仕事は、本来、スーパーの店員のすべき仕事です。それをメーカーの社員が行っていたとします。もし、商品陳列をする代わりに自社の商品をおいてほしいといった見返りを求め

※独占禁止法第2条第9項

ていたら、これは違法とされます。つまり、**この仕事をタダ（無料または通常の価格より著しく低い価格）でやってくれたら、こちらの仕事を発注するというのはしてはならない**のです。

また、**一度約束した報酬額を一方的に減額したり、支払日を先延ばしにしたりするのも違法**です※。

何月何日までに10万円支払うと約束していたのに「8万円に減額しろ」、「今月厳しいから来月にしてくれ」というのも禁止されています。このようなケースでは公正取引委員会の注意、指導になります。それにより、払ってくれればいいのですが、払わない場合は、民事訴訟を起こすしかありません。

こうした**金銭トラブルを防ぐためには、契約書を交わすのが防御策の第一**です。しかし、フリーランスとクライアントの間には、書面による契約書がないのがよくあるケースかもしれません。口約束の場合もあるでしょう。するとクライアント側は、仕事の発注前には「10万円」と約束しておきながら、あとになって「8万円で発注した」ということもあります。せめて**発注額、受注額はメモしておいたほうがいい**でしょう。

減額に関していえば、もし、契約書があり、「報酬は景気変動をみて見直しが

※下請代金支払遅延等防止法第4条第1項第2号・第3号

できる」という一文があれば、場合によっては減額が可能となってしまいますので、契約書の内容もよく読んでおく必要があります。なお、毎月10万円の仕事を受けていたのに、同じ仕事内容で「来月から8万円に減額してくれ」とクライアントが申し入れることは法律違反にはなりません。その申し入れを断り、仕事が発注されなくなっても、クライアントは法律違反には問われません。

専属契約の途中終了は損害賠償請求が可能

ケース20

専属契約なのに契約期間途中で終了を告げられた

フリーランスのデザイナーです。ある会社から1年間、専属的なデザイナーとして働いてほしいと言われ、仕事を始めました。ところが半年経つと、仕事を切られてしまいました。理由を聞いてもあいまいな回答しかありません。

解決策

残り半年分の報酬を請求することができる

残り半年分の報酬を請求する権利があります。しかし、契約書にいつでも解約できると書かれていれば相手会社には期間終了前でも解約する権利があり、損害賠償請求はやや難しくなることがあります。

また、裁判を起こしても、クライアントがデザイナーを切った理由として「デザインが古い」、「納期を守らないことがあった」などと主張し、裁判所がその理由について専属契約を中断する合理的な理由だと判断すると、賠償請求は難しくなります。

そういう意味では、法律による保護が弱いのがフリーランスということになります。でも、あきらめないでください。

フリーランスとクライアントとでは、圧倒的にフリーランスが弱い立場にあるのが通常です。裁判では、それを考慮したうえで判断を下すので、必ずしもフリーランスが一方的に不利になることはありません。労働者を保護する理由と、同じ理由がフリーランス側にもあれば、まったく同じとはいきませんが、フリーランスとクライアントとの力の差を考慮した判断をしてくれることもあります。

社員から業務委託への変更はすぐに承諾しない

ケース21

社員として入社したのに、業務委託にされた

直接雇用の社員として入社したのに、あるとき会社から、「これからは成果報酬制の業務委託のフリーランスにします」と言われました。会社側はフリーランスのほうが、社会保険料などを給与から引かれないので手取りが多くなるというのです。それで業務委託の契約書にサインをしました。ところが、新型コロナによる不況などもあり、あまり成果が上がらなくなってしまい、数カ月後の給与が社員のときより5万円も、さらに10万円も下がってしまいました。

解決策

仕事内容も変わってないので、業務委託とはいえない

もともとは直接雇用の社員として入社し、業務委託契約を結んだあとも、仕事の内容は変わっていません。これでは単に契約の名前だけを変えたにすぎません。

雇用契約なのか、フリーランスとしての業務委託契約なのかは、契約の名称で

決まるのではなく、実質的な内容で決まります。

雇用契約を業務委託契約に切り替えたのに、実態が何も変わっていないなら、裁判では、この契約はフリーランスの業務委託契約とはいえず、雇用契約だと認められるでしょう。実際に、同じような事例でそうした判断をした裁判例もあります。

この裁判では、雇用契約となった結果、フリーランスとしての契約は労働法（最低賃金法、労働基準法）に反する部分、具体的には最低賃金を下回る賃金、残業手当の支払いをしないでもよいとした点などが、無効になりました。そして、かつて社員として結んでいた雇用契約より不利になる、業務委託契約は本意で結んだ契約とはいえないとして効力がないとされました。その結果、かつての社員としての雇用契約が復活、フリーランスになったために減ってしまった給与分を会社側に全額支払わせる判決が下されたのです※。

社員として入社したのに、業務委託だと言われて、業務委託の契約書にサインしたとしても、**働き方が今までと変わらなければ、フリーランスとしての契約は無効になる**ことがあるのです。

※親愛事件／東京地方裁判所　平成26年２月14日判決

フリーランスに労災は適用されない

ケース22

取材で交通事故にあったが、労災が適用されなかった

フリーランスのライターとして仕事をしています。ある日、出版社の編集者とアルバイトの編集アシスタントの3人で車に乗り、アルバイトの人の運転で取材に出かけました。その途中で交通事故にあい、ケガをして入院。編集者とアルバイトには労災保険が適用されましたが、フリーランスの私には適用されませんでした。

解決策

フリーランスは、任意の民間保険に加入しておく

社員には当然、労災保険が適用されます。また、アルバイトはその出版社と雇用契約を結んでいる労働者ですから、業務中にケガをすれば労災保険で保護されます※。

しかし、**フリーランスはその出版社に雇用されているわけではありません。**で

※労働者災害補償保険法第7条

すから、いわゆる「労災」の適用にはならないのです。

労働者であれば、業務中の事故なら労災になり、入院などで仕事を休んでいても、全額ではありませんが休業補償給付があります。しかし、フリーランスの場合は、基本的には自己負担となってしまいます。もちろん、過失によって事故が発生した場合は、過失をした者が責任を負います。このケースだと運転手がアルバイトなので、その運転手に、そして会社に使用者責任があって治療費などを請求することができる場合もあります。

フリーランスは仕事ができなければ収入も途絶えます。

交通事故では第三者による事故であれば、治療費などを相手の保険会社に請求できますが、自分で起こした事故では自分の加入している自動車保険の範囲でしか補償がされないので、ケースによっては大きな負担となります。

そこで、フリーランスの場合に、**業務中にケガなどをした場合の治療や入院に備えて、労災保険の特別加入制度**（運送業や建設業など一定の職種となります）**やその他の民間の保険に入っておくことをおすすめします**。自分で保険料を払う保険ですが、業務中のケガや入院を労災として、対応してくれることもあります。特に、危険を伴う仕事である建設現場などでは、そうした保険に入っておくのが一般的です。

コンペは責任の所在が不明瞭なことも

ケース23 ロゴ制作のコンペに応募したいが、問題がないか心配

ある企業がクラウドソーシングを使い、ロゴのデザインを募集し、そのなかから気に入ったデザインを採用するという仕事を見つけました。コンペ方式と呼ばれている募集の方法だと思うのですが、この方式に問題点はないのでしょうか？

解決策 責任の所在が不明瞭であることを理解して応募する

コンペ方式で多いのはロゴ制作、商品のネーミング、バナー作成などの仕事です。この方式でロゴデザインなどの作品募集をしているプラットホームは多数存在します。

たとえばロゴ制作の場合、クライアントはコンペ方式を手掛けているプラット

ホームに作品募集を依頼します。プラットホームはクラウドソーシングを使い、不特定多数の人に作品の応募を呼びかけます。それを見たフリーランスのデザイナーが作品を提案します。クライアントはそのなかから気に入った作品を選び、報酬を支払います。

フリーランスにとっては仕事の機会が得られる方式として利用を検討している人や、すでに利用している人もいると思います。この形式では、もしコンペで仕事が取れなかったら、どんなに時間をかけて作品を制作してもタダ働きということになります。

一番の問題は、たとえばクライアントが作品を採用したのに、使用料を支払わなかったら、誰が責任を取るのかということです。**コンペの場を提供しているプラットホーム側が作品使用料を払うのかというと、そうした法的な責任はありません**。プラットホーム側に支払いを請求しても、「自分で裁判を起こして相手企業と掛け合ってください」という回答になってしまうでしょう。

そして、コンペ方式で仕事は取れたが、その後のクライアントの要求が細かく、その報酬に見合わないほどの労力や時間がかかったとしても、誰もそれを改めてくれません。そのようなリスクはすべてフリーランスが負わなければならないのです。

また、プラットホームのなかには高い契約料を取るところもあります。するとお金を取っているのにフリーランスに対して責任は取らなくていいのかという法的な問題も発生します。しかし、こうした**タイプの仕事のあっせんについては、まだ法的な整備がされていないのが現状**です。

プラットホームは、登録者や利用者が増大すると、得てして大きな力を持ってしまいがちです。たとえば、もし大手の検索サイトを運営する会社が、気に入らない会社を検索にかからないようにしたらどうなるでしょうか。そのようなことをしたら、誰からも検索されないために、会社にとっては社会的に抹殺されたのと同じといえるでしょう。そうすると、誰もが運営会社の顔色をうかがうことになってしまいます。

コンペ方式を主催しているプラットホームも、もし気に入らないフリーランスがいたら、自分のところから排除してしまうことも可能です。今のところ、そのような動きを直接制限できる法律はありません。プラットホームが強大な力を持ったときに、その力を公正に使うよう、法的な整備をしていけるかどうか、今後の課題だと思います。

COLUMN

公務員は、雇用契約を結んでいない？

雇用ではなく〝任用〟される

なぜか日本の裁判所では、公務員は雇用契約を結んで働いているのではない、という扱いをします。たとえば、**国家公務員は国と労働契約を結んで働いているのではない、東京都の職員は都と労働契約を結んで働いているのではない、という考え方**です。

裁判所は、公務員は雇用ではなく、任用だとしています※。「任用ってどういうこと？」と思うかもしれません。国や都が〝雇った〟のではなく、公務員に〝任命した〟という意味です。ですから、**公務員は国や都などとの関係は、いわゆる雇用関係ではない**のです。そこで、民間の労働者が持っている権利と、公務員が持っている権利は違うものになります。

※国家公務員法第3章第2節第4款、地方公務員法第3章第2節

公務員といっても国家公務員、地方公務員があり、職種も事務職だけでなく、公立学校の教員、警察官、消防官、保育士などさまざまです。ところが、裁判所は、どの職種についていても、公務員は皆、任用されて働いているとみるのです。

とはいえ、公務員は一度任用されれば、よほどの事故や事件でも起こさない限り、免職されることはありません。ですから、安定した働き方といえるでしょう。

非正規の公務員は雇止めされやすい

このように、正規公務員は簡単に職を失うことはありませんが、有期で働く非正規公務員はまったく様相が異なります。長年働いていても、来年は「任用しません」と言われると、これを覆すことはほぼ不可能となってしまいます。

これが、もし民間企業の有期契約で働くいわゆる「契約社員」なら、長年雇用されている場合、次の契約に更新の期待があれば、「契約しません」という雇止めについて、合理的な理由や社会通念上の相当性がないとできないことになっています。そのため雇止めの理由をめぐって争うことができるのです。

ところが、非正規公務員は「任用」されている立場のため、「この期間が終

わって、次は任用しません」と言われてしまうと、その理由に関係なく、期間満了で終了してしまうのです。

裁判で争った例もありますが、非正規公務員が「雇止め」を無効として職場復帰になった例はまだありません。非正規公務員は、切られたらそこで終わりという不安定な働き方といえるでしょう。ただ、損害賠償を認めた例はあるので※、職場復帰するには厳しい現実がありますが、あまりに不当な理由で「雇止め」された場合は、専門家に相談してください。

最近では都道府県、市区町村の業務の一部、また図書館や公的施設などの業務に、非正規公務員を任用するのではなく、派遣会社に人材派遣を依頼しているところが多くなっているようです。この場合は、派遣社員は派遣会社に雇われている労働者ですので、公務員ではありません。

※地位確認等請求控訴事件（通称 中野区非常勤保育士再任用拒否）／東京高等裁判所 平成19年11月28日判決

教師は残業手当や休日手当が支給されない

公務員は雇用契約ではないと説明しましたが、地方公務員の残業については労働基準法により残業手当※が払われなければなりません。国家公務員は別の法律

※労働基準法第37条第1項

で、残業手当と同じような計算で手当が払われることになっています。

ところが、地方公務員でも**公立の義務教育諸学校の教職員には、勤務時間の管理が難しいという理由から、残業手当や休日勤務手当が支給されません**。その代わりに給特法（公立の義務教育諸学校等の教育職員の給与等に関する特別措置法）により、給料月額の４％の額が教職調整額として支給されています。

ただ、教師の仕事はかなりの長時間労働です。休日もクラブ活動や課外活動で学校に出ています。４％ではとても残業手当に相当する額とはいえません。そこで、この給特法を改正しようという動きが盛んに行われ、２０１９年（令和元）12月に改正法が成立し、残業時間を含めた勤務時間の上限が決められました。

しかし、その内容には問題も多く、教職員の長時間労働を解消するほどには期待できません。また、勤務時間の上限内に仕事が終わらない場合には早朝や自宅など、勤務時間としてカウントされない時間や場所で仕事をすることになり、そこは改善されていません。

本来は、民間企業と同じように、所定外の労働については残業手当を発生させ、使用する側が経済的ペナルティーを受ける仕組みにし、長時間労働を抑制すべきなのですが、教職員のなかにはそのような改正は必要ないという人もいます。その理由として、教職を聖職と考え、働く時間をカネに換算されたくないというプライドがあることや、残業手当が発生することでこれまで緩かった遅刻・早退などの管理が厳しくなり、自由が減るのではないかという懸念があることなどがあげられています。また、部活動を思い切り頑張りたい教職員にとっては、部活動を労働時間に入れられて活動時間を制限されてしまうのは不本意だという人もいるでしょう。

教職員の間でも、残業や長時間労働については考え方がさまざまで、これをどう規制するかについての考え方が一致していないのです。そのためか、教職員の長時間労働は従前から指摘はされているものの、なかなか解消されません。

しかし、教師は生徒との人間関係のほか、教師間の上下関係、生徒の保護者との関係という多重的な人間関係のなかで仕事をしています。さらに生徒の命を預かり、人生に影響を与える、責任の重い仕事です。大きなプレッシャーと隣り合わせの仕事ともいえるでしょう。それだけに長時間労働は心身に悪影響があります。残業手当の問題も含め、教職員の働く環境の整備改善は緊急の課題だといえます。

第2部

労働にかかわるよくあるトラブルと解決策

時間外労働や残業手当、解雇、待遇の不公平、ハラスメント行為など、どのような雇用形態にも発生するトラブルとその解決策を解説します。

TROUBLE 1

労働時間と残業手当の問題

あなたは毎日残業続きで、長時間労働をしていませんか？

どのような雇用形態でも、**法定労働時間を超えて働けば残業手当を請求できます**。しかし、会社のなかには複雑な労働時間制を採用して残業手当を払わないで済まそうとするところや、残業手当を一定の額に固定しているところもあります。

長時間労働をしているのに残業手当がかなり少なかったり、残業手当は給与に含まれていると言われて支払われなかったりしていても、残業手当の請求をできるケースがあります。自分の労働時間を確認して、それに見合う残業手当が支払われていなければ会社に請求しましょう。

労働時間の上限は法律で決められている

労働時間とは「労働者が使用者の指揮命令下におかれている時間」をいいます。要するに会社で働いている時間です。**会社には就業規則や雇用契約書で決められた所定労働時間があります**。所定労働時間は、始業時刻から終業時刻までの時間から休憩時間を差し引いた時間が該当します。

労働基準法では、**労働時間の上限を1日8時間、1週間40時間まで**（法定労働時間）としています※。また、**最低週1日の休日、または4週間を通じて4日以上の休日を与える**よう定めています※。

この**所定労働時間を超える労働がいわゆる「残業」になり、会社には「残業手当」を支払う義務があります**。

このように、法律で1日8時間、1週間40時間という上限があるので、もし就業規則の所定労働時間が「1日10時間」という8時間を超える時間だったら、それは無効となります。この場合、2時間は残業時間となり、別途残業手当の支払いが必要になります。

また、所定労働時間が1日8時間でも週6日勤務ならば、週48時間になってしまい、これも無効です。40時間を超えた8時間分は残業時間となります。

その労働時間のカウントですが、**本来は1分単位でカウントする**必要がありま

※労働基準法第32条
※労働基準法第35条

す。ところが、**15分ごとや30分ごとにして、「端数」を切り捨てて数えている会社があります。それは違法**です。たとえば、18時13分まで働いたのに終業時刻が18時になっている、8時47分から働き始めたのに9時開始になっているなどというのは、違法なのです。

さらに、意識したことはないかもしれませんが、そもそも会社が労働者を法定労働時間の上限を超えて労働させるのであれば、その**職場の労働者の過半数で組織する労働組合か、そうした労働組合がない場合は労働者代表と、残業時間についての労使協定を結ばなければなりません**。これを**「36（サブロク）協定」**と呼んでいます。

会社は、労働組合あるいは労働者代表と結んだ36協定を、労働基準監督署に届け出する必要があります。もし協定を結ばずに残業させていたら、これは違法になり、場合によっては刑事罰があります。

なぜ「36（サブロク）」なのかいうと、労働基準法第36条にこの協定のことが定められているからです。

過半数で組織する労働組合がない職場では、36協定を結ぶためには労働者の過半数を代表する者を選出することになりますが、この代表者は公正に選ばれなければなりません。最善の選出方法は秘密投票（有権者が誰に投票したかを知られないようにする投票）による選挙ですが、挙手でもいいとされています※。会社が一方的に会社にとって都合のいい人を代表者とすることは許されません。過半数の労働組合がない職場では、きちんと代表者が選ばれているかチェックしましょう。

36協定でも時間外労働の上限はある

残業をしてもOKという36協定を結んだら、残業時間に上限時間はないのでしょうか？

答えは「いいえ」です。上限は法律によって定められています。**時間外労働は月45時間、年間360時間までとされています**※。

ただ、会社によっては、繁忙期はこの残業時間では業務が回らないことがあり得ます。その場合、36協定に「特別条項」という例外を設けることが許されています。ただし、限度時間を超えることができるのは**年に6回まで**。もちろん残業自体が例外ですから、その例外のさらに例外に当たるわけで、特例となります。

業務量が予測できないほど大量に増加して、残業が必至なときだけに許されると

※労働基準法施行規則第6条の2

※労働基準法第36条第4項

しています。

この特別条項を使ったとしても、**年間の時間外労働時間は最大720時間まで**とされています。これには休日労働が含まれないので、休日労働も含めると最大960時間まで可能になります。また、**1カ月における時間外労働と休日労働時間の合計は最大でも100時間未満**とされています※。

さらに、**2〜6カ月間の時間外労働と休日労働時間を足した合計の平均が80時間以内になるようにしなければなりません**※。たとえば、36協定を、1月は80時間、2月は90時間の時間外労働が可能となる内容で締結することは、違法となります。1カ月に100時間未満という上限は守られていますが、1月と2月の平均が80時間を超えてしまうからです。

では、1月75時間、2月80時間、3月85時間という場合はどうでしょうか？実はこれも違法です。1、2、3月の平均が月80時間なのでいいのではないかと思ってしまうところですが、2月と3月の平均が80時間を超えてしまうのでやはり違法となるのです。

なお、ここで**平均月80時間以内としていますが、この残業時間数は実は過労死ラインと同じ**なのです。そのため、特別条項を設けることには慎重にならなければ

※労働基準法第36条第6項

※労働基準法第36条第6項

ばなりません。本当に特別条項を結ぶ必要があるか確認する必要があります。この点において、厚生労働省告示ではその必要性をできる限り具体的に定めるようにと通達しています。

働き方によって残業手当は割り増しされる

残業には法内残業と法外残業があります。

法外残業というのは、法律で決められた労働時間（1日8時間、1週40時間）**以上働かせる残業のこと**です。一方、**法内残業は1日8時間を超えない時間で所定労働時間を超えて働いた残業のこと**です。

たとえば所定労働時間が9時から、休憩1時間を挟み17時までの7時間労働として、労働者が18時まで働いたら、この1時間分が法内残業となります。法律の制限である8時間以内ですが、所定労働時間より長い労働ですので、残業になります。もし、同じ人が19時まで働くと18時から19時までの1時間は法外残業になります。18時以降は8時間の制限を超えた残業だからです。

残業には残業手当を支給しなければなりませんが、**法律では法外残業には割増**

賃金を支払うよう義務付けています※。

割増率は1時間当たりの賃金（計算方法は103頁参照）の1・25倍以上です。深夜労働（22時〜翌日5時）の場合はさらに25％以上割り増しとなり、トータルで1・5倍以上になります※。

休日の労働にも残業手当と、割増賃金があります。もっとも、**割り増しが法律で義務付けられているのは、法定休日だけ**です。法定休日というのは、法律で定めている1週1日あるいは4週4日の休日のことで、曜日は限定されていません。法定休日以外の休日で、**会社が定めている休日を所定休日**といいます。

ですので、たとえば週休2日制の会社の場合はどちらか1日が所定休日になり、もう1日が法定休日となります。どちらを所定休日にするか、法定休日にするかは雇用契約の内容によります。土・日曜日が休日なら、土曜日が法定休日、日曜日が所定休日でも、土曜日が所定休日、日曜日が法定休日でもかまわないのです。

法律では、法定休日に働くと1時間当たりの賃金は1・35倍以上になります。他方、**所定休日の場合は法律での義務付けはなく、法外残業に当たれば割増賃金1・25倍以上が、法内残業に当たる場合には割り増しはない賃金が払われる**ことになります。

労働基準法第37条第1項

労働基準法第37条第1項の時間外及び休日の割増賃金に係る率の最低限度を定める政令（割増賃金令）

図 2-1

割増賃金の種類と割増率

種類	支払う条件	割増率
時間外（時間外手当・残業手当）	法定労働時間（1日8時間・1週40時間）を超えたとき	25%以上
	時間外労働が限度時間（1カ月45時間、1年360時間等）を超えたとき	25%以上（※1）
	時間外労働が1カ月60時間を超えたとき（※2）	50%以上（※2）
休日（休日手当）	法定休日（週1日）に勤務させたとき	35%以上
深夜（深夜手当）	22時から5時までの間に勤務させたとき	25%以上

（※1）25%を超える率とするよう努めることが必要です。
（※2）中小企業については、2023年4月1日から適用となります。

例：時間外労働の割増率
［所定労働時間が午前9時から午後5時（休憩1時間）までの場合］

17:00～18:00⇒1時間当たりの賃金×1.00×1時間	法定時間内残業
18:00～22:00⇒1時間当たりの賃金×1.25×4時間	法定時間外残業
22:00～ 5:00⇒1時間当たりの賃金×1.50（1.25+0.25）×7時間	法定時間外残業+深夜

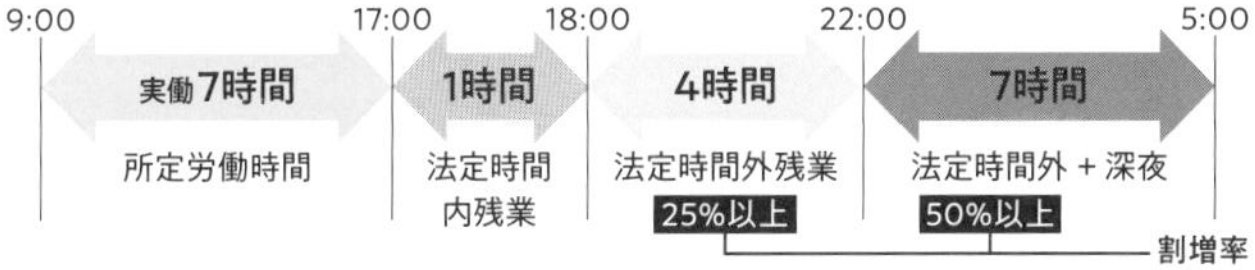

例：法定休日労働の割増率
［午前9時から午後12時（休憩1時間）まで労働させた場合］

9:00～22:00⇒1時間当たりの賃金×1.35×12時間	休日労働
22:00～24:00⇒1時間当たりの賃金×1.60（1.35+0.25）×2時間	休日労働+深夜労働

東京労働局リーフレット「しっかりマスター〝労働基準法〟―割増賃金編―」より作成

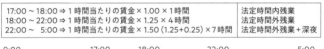

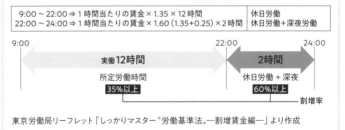

会社のなかには両者の区別を明確にしていないところもあります。そのような場合、裁判所では暦週のあとにくる休日を法定休日とする場合が多いようです。暦週は一般に日曜日から土曜日を指すので、土曜日が法定休日ということになります。すると土曜出勤は法定休日労働となり1・35倍以上の割増賃金になります。

法定休日と所定休日の区別を特定していない会社では土曜出勤を時間外労働として賃金1・25倍以上の休日出勤手当にしていることもあります。就業規則で法定休日、所定休日の区別を確認しておいたほうがいいでしょう。

また、労働基準法の定めは最低限度なので、これよりも労働者に有利な事項を会社が独自に定めることは許されています。そのため、たまに会社独自の割増率を設けている場合もあるので、就業規則などをよくチェックすることが大事です。

次に、残業手当に関する代表的なトラブルを見てみましょう。

ケース1

始業30分前に出社したのに、残業と認められなかった

始業時刻は9時ですが、始業すぐに会議がある場合には30分ほど前に出社して、書類を整えるなどの準備をしています。よく考えてみると、その日は所定労働時

間を30分超過して働いていることになります。これは残業にならないのでしょうか？

解決策

始業前の仕事も残業になり、残業手当を請求できる

残業というと、終業時刻後に残って仕事をするものと考えがちですが、始業時刻前も残業になります。ただ、このようなケースでは、会社側は「早く出社して自分の好きなことをやっているだけで仕事は開始していない」という反論をすることが多くあります。

一般的には会社にいる時間は仕事をしていると推測されるのですが、早出の場合は、裁判所も何をやっていたかに関心が高いようです。そのため、始業前にどんな仕事をしていたかを説明できるようにしておくことが大事です。早出残業の場合は、手帳などに早出をしてどのような仕事をしたのか、たとえば伝票の整理、メールの返信、会議の準備など、**早出残業で行った仕事の内容をメモしておく**と、説明しやすくなります。

終業後の残業より、早出残業は「仕事をしていないかもしれない」と判断され

やすいので注意してください。

ケース2 **着替えにかかる時間は労働時間ではないと言われた**

日本料理店のパートをしています。この店では和服に着替えなければなりませんが、慣れていないため着替えに時間がかかると思い、始業時間よりかなり前に出勤しています。でも、着替えの時間は労働時間ではないと説明されました。

解決策 **店が服装を決めているなら着替えの時間は労働時間に含まれる**

居酒屋のような店で、着物に着替える時間が労働時間に当たるかどうかが争われた事例がありました。判決まではいきませんでしたが、会社がその服装で仕事をしなさいと命じている場合は、着替えの時間も労働時間に含まれるという前提で和解となりました。

家で決められた服装に着替えて職場に来た場合、**家での着替えの時間は労働時間には含まれませんが、職場で着替える必要があるものについては着替えの時間**

も労働時間になります。

着替えについては造船所の判例があります※。その造船所では、作業を始める前に作業着に着替え、安全靴を履き、ヘルメットを被ることが決められています。これが裁判では労働時間になると認定されたのです。同時に作業後にシャワーを浴びるのは労働時間かどうかも争われました。この件については、シャワーを浴びることは会社は義務付けていないため労働時間には認めないとなっています。

このように個別具体的な事情に基づいて労働時間かどうかが認定されるので、会社側が労働時間ではないと言っていても労働時間に該当することもあるのです。

※三菱重工長崎造船所事件／最高裁判所第一小法廷 平成12年3月9日判決

ケース3

仮眠時間は労働時間に当たらないと言われた

警備の仕事をしています。警備員は一人ですが、一応、仮眠の時間があります。仮眠は労働時間に当たらないのでしょうか？

解決策

仮眠は労働時間に当たる場合と、当たらない場合がある

深夜の警備の仕事などで、仮眠をする時間が設定されている場合があります。すると仮眠は労働時間に当たるのか、当たらないのかという問題があり、これを「不活動時間の労働時間該当性の問題」といいます。

結論からいうと、当たる場合と当たらない場合があります。

仮眠が労働時間に当たるのは、たとえば一人しかそこに警備員がいない場合です。

警備員が一人で深夜時間に仮眠をしていても、何か不測の事態があれば、仮眠時間に起きて、必ず駆け付けなければなりません。このような場合は仮眠の時間も労働時間になります※。

しかし、警備員が二人で一人が仮眠しているとき、よほどの緊急事態が起こらなければ、起きている人がすべて対応できます。このように何かが起きても、通常は仮眠したままで過ごせる場合は、仮眠は労働時間に当たらないとされています。

※大星ビル管理事件／最高裁判所第一小法廷 平成14年2月28日判決

1日8時間を超えても合法な変形労働時間制

通常の働き方では1日8時間、1週40時間の法的上限があります。その**例外が変形労働時間制**です※。

これは労働時間を週単位、月単位、年単位で決める制度です。**繁忙期と閑散期がはっきりしている職場などで繁忙期には8時間以上働き、閑散期には短時間労働にし、両者を平均して週40時間以内に収める**というものです。これには週単位、月単位、年単位があります。

月単位を例に説明しましょう。わかりやすいように1カ月を4週間だと仮定し、たとえば、所定労働時間を第1、2週は繁忙期なので週45時間、第3、4週は閑散期なので週35時間と決めるとします。

本来、第1、2週は週40時間の制限を超えているので残業手当が発生するのですが、変形労働時間制を採用していると、その月の週平均の労働時間が40時間なので合法とされ、残業手当は発生しなくなります。

このような制度が可能だと会社側がいいように使うのではないかと思ってしまうかもしれませんが、**変形労働時間制を採用するには、必要な手続きがいろいろとあります**。また、**変形期間の毎日の労働時間を労働者に事前に具体的に特定して通知する必要もあります**。事前に知らせることで、労働者がある日は8時間以

※労働基準法第32条の2以下

上働いても、別の日には短時間の労働があるということがわかり、肉体的にも、精神的にも負担が減るからです。

変形労働時間制を採用しても、残業をすればもちろん残業手当は発生します。所定労働時間を超え、かつ１日８時間を超えた労働、または１週40時間を超えた労働には残業手当が発生します。変形労働時間制だからといって、残業手当が発生しないわけではないのです。

よく耳にする制度として、**フレックスタイム制**があります。**始業時刻、終業時刻を自分で決めて働く**制度です※。

たとえば、月１７０時間労働と決まっていたら、労働者が、今日は10時間、明日は３時間というふうに自由に調整して、最終的に１カ月間１７０時間という決められた労働時間に達すれば、欠勤と扱われないという仕組みです。

フレックスタイム制にはコアタイムを設けることができます。コアタイムというのは、必ず労働しなければならない時間帯を決める制度で、たとえば「10時から14時までは必ず出社して働くこと」という時間を設けることです。

フレックスタイム制では、労働者自身の自己管理が重要なキーポイントになります。１カ月間で働く時間配分をうまくしないと、前半あまり働かなかったため

※労働基準法第32条の3

に、後半になって毎日の労働時間が長くなってしまうこともあるからです。
フレックスタイム制は清算期間を3カ月まで許されているので、前半と後半で労働時間に大きな偏りが出ないよう調整するのはなかなか大変なことです。そこで偏りが生じないように、会社は1カ月ごとに労働者に労働時間を通知するのが望ましいとされています。

ケース4
変形労働時間制なので残業手当はないと言われた

繁忙期で12時間働いたり、10時間働いたりしました。週にすると平均40時間の労働でしたが、所定労働時間は8時間なので12時間と10時間働いた日の残業手当を請求したところ、変形労働時間制なので残業手当は請求できないと言われました。そんな時間制を初めて知ったのですが、請求できないのでしょうか?

解決策
変形労働時間制は制度導入の手続きが必要
これがない場合は残業手当を請求できる

労使協定や就業規則で決められていない変形労働時間制は無効です。また、そうしたものがあっても、変形労働時間制はそれを採用する期間内のすべての労働日ごとに、労働時間を決めておく必要もあります。

また、変形労働時間制をとっていても残業手当は請求できます。それは所定労働時間を10時間と定めたのに12時間労働した、5時間と定めたのに8時間労働したなどの**所定労働時間を超えたり、1週40時間を超えたりした場合**です。

また、**1カ月の法定労働時間を超えたら、その分は残業時間**となります。たとえば1カ月20日勤務なら法定労働時間は160時間です。それが180時間働いていたら、20時間は残業となるのです。

悪質な企業では、残業手当の計算方法が複雑なことを理由に、労働者がよく理解していないだろうと考え、サービス残業をごまかす手口として利用するケースもあります。**変形労働時間制でも、フレックスタイム制でも、もともと約束した時間以上働けば残業手当は請求できます。**

みなし労働時間制は問題が多い

労働時間規制の例外として、裁量労働制※というものもあります。**「みなし労働時間制」**とも呼ばれる働き方です。あらかじめ労働時間を決定し、始業時刻や終業時刻に縛られず、働き方を労働者の裁量に任せるという制度です。細かく就業時間を決めるより効率がいいと思われる労働者に適しているとされています。

このみなし労働時間制では、たとえば労働時間を**1日8時間とみなすと、労働時間が3時間でも4時間でも8時間とみなされます**。しかし、**10時間労働でも、12時間労働でも8時間労働としかみなされません**。みなし労働時間制では労働時間を定めてしまえば、それ以上でも以下でもその時間の労働とみなされてしまいます。ですから、**残業手当の請求は基本的にはできない**ことになります。

この働き方は長時間労働となりやすく、過労死の多い働き方ともいわれています。そのため、長時間労働の温床になっているという批判もあります。

みなし労働時間制には、裁量労働制として専門業務型※、企画業務型※の二つに加え、事業場外みなし労働時間制という制度※があります。

専門業務型の裁量労働制は、弁護士、公認会計士、システムエンジニアなど**専門性の高い業務に従事している労働者を対象**としています。その対象となる業務は厚生労働省令などで決められています。

※ 労働基準法第38条の3・第38条の4

※ 労働基準法第38条の3、労働基準法第38条の4、労働基準法第38条の2

企画業務型の裁量労働制は企業戦略や経営計画を立案したり、営業方針を策定したりするなど、**管理職ではないが企業の中心にいる労働者を対象**としています。その対象となる労働者は労働基準法で決められていますが、あいまいな概念なので、当てはまる人と当てはまらない人の基準がよくわからないという批判もあります。また、**企画業務型の裁量労働制では、制度の導入に労働者の同意が必要**になります。労働者が承諾して初めて適用されるのですが、会社から言われたことを断れる人はあまりいないのではないでしょうか。ですから、会社からみなし労働時間制を求められたら、たいていの人は同意してしまうのではないかと思います。

事業場外みなし労働時間制は、外回りの多い仕事など、事業所にいないために労働時間の算定が難しい労働者を対象としています。ただし、現在はＩＣＴ（情報通信技術）が発達しているので、労働時間を算定しがたい労働者が本当にいるのかという疑問や、批判もあります。

ケース5
みなし労働時間制だが月１００時間を超える残業をしている

システムエンジニアは専門業務だからということで、裁量労働制とされています。1日8時間をみなすとされているのですが、担当案件が多くなり、また外での打ち合わせも必要で移動に時間もかかります。早朝から得意先を訪ね、さらに夜遅く会社に戻り報告書や作業をしていたら、ある月は100時間の残業になってしまいました。それでも残業手当は請求できないのでしょうか？

解決策

合理性がなく、残業手当の請求に挑戦する価値あり

このような場合は、みなし労働時間制を適用していいのかが、まず問題になります。**働き方に裁量がなければ、そもそも裁量労働制とはいえない**からです。

また、**みなされた労働時間と実際の労働時間があまりにも乖離していると、労働時間数をみなしている就業規則などについて、合理性がないと判断される可能性があります**。筆者の担当した事案では、こうしたケースで会社に残業手当を支払わせています。ですから、みなし労働時間制でもあきらめる必要はないのですが、実働時間とみなし労働時間に、それほどの乖離がないようなケースだと、難しいかもしれません。

もっとも、このみなし労働時間制は適用に関しては法律の要件が厳しく、それを満たすのはかなり大変です。会社側に少しでも不備があれば無効になります。自分にとってあまりにも不利なみなし労働時間だと思うときは、**きちんとした手続きを会社が取っているかを確認してみる**といいでしょう。

ケース6

詳細に行動を報告しているのに事業場外労働のみなしとされた

外回りの営業をしています。会社には営業先を訪問するたびに連絡を入れ、さらにＧＰＳで行動も把握されています。これでは事業場外といえないと思います。

解決策

みなし労働時間制は適用されない可能性が高い

かつては旅行添乗員がみなし労働時間制を採用され、長時間労働にもかかわらず、残業手当が支給されないことがありました。現在は、ＧＰＳやＬＩＮＥなどで行動を詳細に連絡できます。報告も即座にできます。ですから、添乗員のような事業場外で働く人たちにも、みなし労働時間制は適用されないという判決が出ています※。

事業場外労働のみなしとされていても、**営業活動の事前・事後報告、移動中の報告などが詳細にされていれば、事業場外みなし労働時間制が適用されないケースがある**のです。

名ばかり管理職にして残業手当を支給しないトラブル

そもそも1日8時間、1週40時間、36協定が適用されない労働者がいます。これを「適用除外」といいます※。

適用除外でもっとも有名なのは管理監督者です※。労働基準法上、**管理監督者になると、深夜労働以外は適用除外になり、残業手当を支払わなくてもよくなります**。この制度を利用したいがために、**社員をすぐ課長などの役職に就けて、「管理監督者だから、残業手当は支払わない」というケース**が横行したことがあります（今でもあります）。

これが、いわゆる「名ばかり管理職」の問題です。

実は裁判所の認定する管理監督者と、世間一般で認識されている管理職は必ず

阪急トラベルサポート（添乗員・第2）事件／最高裁判所第二小法廷平成26年1月24日判決

労働基準法第41条

労働基準法第41条第2号

しも一致するとは限らないのです。法律上、管理監督者には経営者と一体性が求められています。それは経営者に近い立場で、役職でいえば係長や課長より、さらに上の本部長あるいは取締役に近い立場の労働者を意味します。また、**管理監督者は給与も高額、労働時間を管理されないので出退勤が自由でなければいけません**。この条件を満たしていないと法律上の管理監督者にはなりません。

名ばかり管理職の裁判で有名なのは、マクドナルドの店長が管理監督者か否かという裁判でした。判決では店長は管理監督者ではないとされ、残業手当が支払われました※。

最近、この問題は減少していますが、皆無ではありません。もし、自分があまりにも残業が多いのに管理監督者とされ、残業手当が支払われていないのなら、名ばかり管理職の可能性があると思ってください。

適用除外には、**高度プロフェッショナル制度**もあります※。これは**金融商品の開発業務、資産運用・証券取引業務、証券アナリスト業務、コンサルタント業務、研究開発業務**の五つの業務に就いている労働者で**年収1075万円以上、法律の定めを全部クリアしたうえで、本人が同意した場合に適用**できる制度です。この

日本マクドナルド割増賃金請求事件／東京地方裁判所 平成20年1月28日判決

労働基準法第41条の2

制度が適用されると時間外労働の上限や深夜労働など、労働時間に関するすべての規制が適用除外になります。

まだ、あまり導入例はないようで、これを採用している会社はまだ少数です。とても複雑な制度になっているので、企業にとっては使い勝手の悪い制度になっているのかもしれません。それでも会社がこれを導入しようとしていたら、適用条件をきちんと満たしているのか、導入や同意の前に注意が必要です。

固定残業代が無効になることもある

ここ数年増えているのが、固定残業代という残業手当の支払い方です。これは正社員など、月給制の人に多くあります。

固定残業代とは、あらかじめ残業手当を固定額として支給する方法です。

固定残業代というと、残業手当はすでに月給と一緒に支払われているので、どれほど長時間労働をしても請求できないと思っている人がいます。それは誤解です。固定残業代となっていても、**固定残業代として想定されている残業時間以上に働いたら、追加の残業手当を支払う必要がある**のです。たとえば、固定残業代

5万円が30時間分の残業手当だとします。すると、実働で40時間残業をしたら、10時間分は別に支払われなければなりません。

ところで、求人広告に「基本給20万、業務手当5万円」と書かれていたとします。一見、月給は基本給と業務手当を合わせて25万円に見えますが、よく見ると「業務手当5万円（残業代見合い）」とカッコ内の文言が書かれていることがあります。そうすると、業務手当の5万円は残業手当で、月給は20万円ということになります。このように**固定残業代を記載して、あたかも月給が高いように見せかけることができるので要注意**です。

固定残業代が設定されていても、無効になる場合があります。固定残業代が実質的に残業の対価とはいえないケースがあるのです。たとえば、就業規則に「営業手当（固定残業代）」と記載されているとします。このとき、その営業手当が、**実質的に営業活動そのものに対する手当だとすると、いくら固定残業代と但し書きがあっても、残業手当とは認められない**ことがあります。すると、その「営業手当（固定残業代）」は基礎賃金（残業手当計算の基礎となる賃金）に含まれる営業手当であり、残業手当ではないことになります。ですから、残業をしたら、残業手当は請求できるのです。

また、最近はかなり減りましたが、**月給について「給料30万円で残業代込み」という説明**をする会社が少なからずありました。このような雑な説明では、どこまでが基本給で、どこまでが残業手当なのかわかりません。**このような場合、「残業代込み」は無効**になります。すると残業手当は払われていないことになり、これまで固定残業代として払われていた金額の全額が基本給扱いになります。つまり、30万円は「残業代込み」ではなく全額が基本給ということになるのです。

これらのように固定残業代が無効であれば、残業手当が払われていないことになります。すると、賃金の時間当たりの単価が高まります。そこで、もし長時間労働をしていれば時間外労働は時給の1・25倍以上ですから、かなりの金額の残業手当を請求できることがあります。

残業の指示がなくても残業手当は請求できる

残業手当を請求したら、会社から「指示、命令をしていない」、「残業は承認制を取っているが、承認していない」といわれるケースがあるかもしれません。しかし、**残業をしなければ終わらない仕事であった場合は、「指示していないから、**

承認していないから」は残業手当を支給しない理由にはならないとされています。

ですから、もちろん残業手当を請求できます※。

では、仕事を家に持ち帰った場合はどうでしょう。**持ち帰り残業は、会社の指揮命令下で働いていたという証明が難しいため、残業として認められた例はありません**。労働基準法では、会社の指揮命令下で働いた時間が労働時間として認められます。ですので、会社で残業をすれば、それは指揮命令下で働いていると推認されて残業と認められやすいのです。ところが、家に持ち帰ると、それは会社という職場から離れており、指揮命令のもとで働いているのかどうかがあいまいになります。そこで、法律上の労働とはいえない、したがって残業とはいえないという考え方になってしまうのです。

新型コロナウイルス感染症の感染防止対策でテレワークが導入され、自宅での労働が浸透していますが、この場合はどうなるでしょうか。テレワークは自宅や会社以外の場所で行われますが、指揮命令下の仕事とはいえないのかとなるとそうではありません。今後、テレワークと残業手当の関係は、新たな論点になるのではないかと思います。

かんでんエンジニアリング事件／大阪地方裁判所 平成16年10月22日判決、アールエフ事件／長野地方裁判所 平成24年12月21日判決、クロスインデックス事件／東京地方裁判所 平成30年3月28日判決など

残業手当を請求するには証拠が大事

残業手当を請求するときには「残業をした」という証拠が何もないと認めてもらえないケースがしばしばあります。**残業をしたという証拠を残すことが非常に大切**なのです。いざというときに役に立つ、証拠の残し方を紹介します。

1　タイムカード

始業時刻、終業時刻がわかりやすい証拠になります。しかし、タイムカードを打刻したあとに残業をするケースもあります。この場合は「打刻後に2時間残業しました」などと自己申告しなければならず、なかなか立証が難しいかもしれません。そのようなときのために、次に説明する残業を立証できる証拠を集めておくことも大切です。

2　出退勤記録データを自分用にも保存する

パソコンソフトによって出退勤管理をしている会社も増えています。一例としては、アプリで出勤・退勤をクリックして、勤務時間の記録をデータとして残すシステムがあります。その際は**打ち込んだデータを個人的にも保存するか、それができなければ画面の写真を撮影**しておきます。

3　入退館記録

裁判例でよく出てくるのが、入退館記録です。会社が入っているビルがＩＣカードを端末にタッチして入退館するシステムなら出入りが端末に記録されますから、その記録を取り寄せるのです。セキュリティー会社に要求する必要があるので必ず取り寄せられるとは限りませんが、自社でデータ管理をしている場合は可能かもしれません。

4　パソコンのログイン／ログオフの記録

これも残業の証拠として最近よく使われます。ログイン／ログオフの時刻を保存するためには若干、専門的な知識が必要になるのですが、パソコンを使って仕事をしている労働者にとっては確実な証拠となります。

5　メールの送信記録

モバイル端末で社外からもメールが送信できる場合は、会社にいたという証明にはなりにくいかもしれません。しかし、会社内からメールを送っていることがわかれば、その送信記録も労働時間の立証として使えます。デスクトップパソコンを与えられていたり、他の端末からは会社のアドレスを使ってメール送信ができなかったりする場合には、強い証拠になります。

6 ブログの記事

「今日も残業で、こんな時間になっちゃったよ」というブログを毎日のように書き、会社で撮った写真や時計が入っている写真をアップしている人がいました。これが深夜労働をしていた証拠として裁判で活用されたことがあります。ですので、こうしたものでも記録をすることはとても大切なのです。

とにかく**労働時間がわかる記録を確保しておくのが残業手当請求の第一条件**になります。メモを残しておけばいいといわれますが、メモだけで残業が認められるのはレアケースです。**メモに加えて客観的な証拠を残すこと**をおすすめします。

残業手当の請求には時効がある

残業手当や給料の未払い分を請求する際には時効があるので気をつけてください※。**時効が成立し、それを会社側が主張すると、未払い分の請求ができなくなります**。２０２０年4月以降に支払われるはずのものは、その残業手当が払われるべきだった給与支給日から3年、それ以前のものは、支払われるべきだった給与支給日から2年経つと時効が成立します。

たとえば２０１８年7月25日に支払われるはずだった残業手当が未払いだったとすると、２０２０年7月25日を過ぎると時効が成立。２０２０年7月25日の残業手当が未払いだったら、２０２３年7月25日に時効が成立します。それまでに請求しないと、会社は支払わなくてもよいとなってしまうのです。未払いの残業手当や給料の請求をする場合は、時効に注意しましょう。

残業手当の未払いが判明して時効まであとわずかしかないという場合には、時効が進むのを止める方法があります。会社に対して未払いの残業手当を請求するといった文書を書き、内容証明郵便にして会社宛に郵送する方法です。また、裁判所に訴えを起こすと、その時点で時効の成立を阻止できます。

※労働基準法第１１５条・第１４３条

COLUMN

最低賃金をクリアしているか？

もらっている月給を時給換算してみる

「けっこう残業してるんだけど、学生のときにやっていたアルバイトのほうが、もっと稼いでいたような気がする。気のせいかなあ」。

本人は笑い話のつもりでも、実は笑えないこんな話を耳にすることがあります。気のせいかどうか、時給に換算してみてはどうでしょう？　もしかしたら、最低賃金を下回っているかもしれません。

最低賃金とは会社が社員に支払う賃金の最低額で、国が定めたものです。最低額は時給で示され、都道府県により異なる「地域別最低賃金」と鉄鋼業や電子部品の製造業など特定の仕事に就く労働者を対象に定められた「特定最低賃金」があります。どちらも厚生労働省のホームページで確認することができます。

では、月給制の場合の1時間当たりの賃金を計算してみましょう。

（月給×12カ月＝年間収入）÷（1日の所定労働時間×年間労働日数＝年間総労働時間）＝時給

ここでいう月給は、家族手当、通勤手当、残業手当、休日出勤手当などを含まない基本給です。年間労働日数は365日または366日（うるう年）から所定年間休日を引きます。たとえば、基本給15万円、所定労働時間8時間、所定年間休日120日の場合で計算してみましょう。年間労働日数は、365日－120日＝245日です。

（15万円×12カ月）÷（8時間×245日）≒918・3円

時給約918円になります。東京都の最低賃金は時給1013円（2021年1月現在）なので、都内の事業所で働いている場合は、最低賃金を下回っていることになります。これでは時給1013円でアルバイトをしている学生のほうが、収入が多いことになります。

このように最低賃金を下回っている場合は、法律違反なので差額を請求することができます※。

※最低賃金法第4条

TROUBLE 2

解雇の問題

解雇とは俗にいう〝クビ〟のことです。クビになると労働者は収入が途絶え、生活に困ってしまいます。ですから、**会社は「上司に文句を言ったから」「時々遅刻するから」「気に入らないから」などの簡単な理由で労働者を解雇できません。**それでも、不況や会社の業績が悪化すると、それを理由に解雇を迫る経営者がいます。

しかし、解雇の理由が不当であった場合には、その解雇を無効にすることができます。ですから、**解雇を告げられてすぐに、「もうダメだ」とあきらめず、むしろ解雇は「そんなに簡単にできない」ということを前提に弁護士や労働組合などに相談にいったほうがいい**でしょう。また、解雇といわず「退職勧奨」という方法で社員に退職を迫ることもあります。その際もすぐに応じる必要はありません。

それでは、解雇や退職勧奨を告げられたときの対処法や解決策を説明していきましょう。

解雇には三種類ある

解雇は労働契約の終了の一形態です。当事者の意思によって労働契約を終了させるパターンには三種類あります。

一つは、**労働者から使用者に対して一方的に契約を終了すると告げるもの、これを辞職（自己都合退職）**といいます。次に、**使用者と労働者が合意して契約を終了するもの、これを合意退職**と呼んでいます。そして、最後の一つは、**使用者が労働者に対して一方的に契約終了を告げるもので、これが解雇**です。

さらに、解雇にも「三種類」あります。①普通解雇、②整理解雇、③懲戒解雇です。

整理解雇はいわゆるリストラのときにされる解雇です。**懲戒解雇は会社の秩序を乱した労働者に対するペナルティー**としての解雇です。この二つ以外で**労働者に非があるときの解雇を普通解雇**と呼んでいます。

普通解雇

労働者に原因があるのが普通解雇

労働者に非があり、懲戒ではない解雇を普通解雇といいます。これが一番よくあるケースです。

労働者の非としてあげられるのは、**成績が悪い、能力がない、遅刻や欠勤が多い**などです。また非違《ひい》行為と言って**職場の秩序を乱す行為、無断欠勤や職場離脱**など、会社が禁じている行為をしたときに普通解雇とされることもあります。

しかし、労働契約法第16条には、**解雇には客観的に合理的な理由と社会通念上の相当性が必要**と定められています。つまり、解雇には客観性のある合理的な理由と、社会通念に照らし合わせても解雇に相当する事情が必要なのです。ですから、少し勤務態度が悪かったり、遅刻を数回したりしたぐらいでは解雇できません。その程度の理由では合理的とも、社会通念上相当な事情ともいえません。にもかかわらず解雇をした場合、解雇権の濫用としてその解雇は無効になります。

では、無断欠勤を繰り返し、何度注意してもまた無断欠勤する、次回は無断欠勤したら解雇すると宣告したにもかかわらず、また無断欠勤をしたらどうでしょう？　これなら客観的合理的な理由があるし、社会通念上相当と判断できるので解雇できる場合もあるでしょう。実際には、普通解雇が有効か無効かは個別具体的な事案ごとに決まります。

ケース7

自分だけが遅刻を理由に解雇された

遅刻を100回してしまい、勤務態度が悪いという理由で解雇されてしまいました。しかし、会社は自由な雰囲気で服装もラフですし、遅刻がとがめられるような職場ではありません。実際、同じぐらい遅刻をしている社員もいますが、解雇になっていません。自分だけが解雇は納得がいきません。

解決策

解雇は無効になる可能性が高い

会社が労働者を解雇する場合、**労働者同士を平等に扱う必要**があります。周囲と同じ違反をしても、その人だけが解雇になるというのでは合理的とはいえないでしょう。解雇は不当で、無効になる可能性が高いです。

成績不良は解雇理由としては難しい

普通解雇の理由でよくあるのは成績不良、能力が劣るなどの理由です。しかし、それを理由に解雇する場合は難しいケースが多くあります。

まず、新卒者と中途採用者では能力や成績を理由とした解雇の有効性は違ってきます。**新卒者（もしくは、それに準じた中途採用者）は、仕事ができない、能力が劣るなどの理由だけで、いきなり解雇にはできません。**解雇をする前にその社員が能力を発揮できるような部署に配置転換したり、研修を受けさせたり、教育指導するなど、社員が能力を発揮できるようさまざまな試みをする必要があります。そして、それでもなお、何も改善されなかった場合には解雇が可能になるかもしれません。ただ、実際にはそうした状況を証明することはなかなか難しいと思われます。

一方、ある仕事を任せるために、高い給与を約束し、中途採用した社員が、期待されたほど能力が高くなく、成果も上げられなかったというケースで解雇されることもあります※。この場合、新卒社員よりは解雇は有効と判断されやすいでしょう。それでも、会社側があまりにも高い能力や成果を求めすぎていることもあるので、必ずしも解雇が有効にはなるとは限りません。

能力不足を理由とする解雇では、相対評価で成績がいつも下から数番目だった社員がそれを理由に解雇された有名な事件があります※。裁判所は、相対評価の場合は、常に評価の悪い社員が一定割合いることになるが、そうした彼らを常に解雇できるとするのはおかしいとして、相対評価が悪いというだけでは解雇理由にならないとしています。

成績が劣るなどの理由では相対的ではなく、絶対的に本当に成績が悪いことが証明できなければ、解雇理由としては不十分なのです。

社内恋愛を理由に解雇はできない

そもそも、**社内恋愛を服務規程で禁止している会社があるとしたら、その服務規程は無効となる可能性が高い**と思います。基本的に、労働者は私的なところま

※フォード自動車事件／東京高等裁判所 昭和59年3月30日判決

※セガ・エンタープライゼス事件／東京地方裁判所 平成11年10月15日判決

で会社に拘束される理由はありません。恋愛は私的なことで、本来は自由なものです。ですから、禁止したとしても、社内恋愛を理由に解雇することはできないでしょう。

では社内不倫はどうでしょうか。これも基本的には私的な問題なので、会社がどうこう言えるものではありません。ただし、ケースによっては何らかのペナルティーは可能かもしれません。とはいえ、解雇までは難しいと思います。たとえば、社内不倫が職場の数人に知れてしまっても（倫理的にはよくないと思いますが）、それが職場の秩序を乱すまでに至らないのなら、懲戒にも解雇にもならないでしょう。ただ、社内不倫が明らかになったことで周囲の社員が働きにくくなったり、苦痛を覚えたり、不倫相手の配偶者が職場に抗議に訪れ、大きな騒ぎを起こすなどの事件が起きて社内の秩序が乱れたとなれば、何らかのペナルティー（懲戒）を科すことは可能かもしれません。

ただし、不倫が実はセクハラであれば、ハラスメント行為をした者が懲戒解雇になることは十分に考えられます。

先ほど服務規程という言葉を使いましたが、服務規程はその会社で働くうえで守らなければならないルールです。その**服務規程に違反すると場合によっては懲**

戒処分、解雇になることもありますが、その内容は合理的である必要があります。

タトゥーは場合によって解雇になる

タトゥーを理由に解雇できるのかというと、就業規則で禁止されているのか、体のどこに入れているのかによって判断は変わります。ただ、タトゥーを入れるか入れないかは、労働者の私的な問題であり、本来は会社が口を挟める問題ではありません。会社の業務とは関係ない私生活は労働者の自由ですから、そうした私的な自由を就業規則で禁止したり、それに対する違反を理由に解雇したりはできないのです。

とはいえ、タトゥーに対してはファッションと考える人がいる一方、反社会的勢力との結びつきをイメージする人も少なくないといえます。そこで、**会社の業種や労働者の担当職務、タトゥーの大きさや体のどの位置に入れているか、どのようなタトゥーなのか等によっては解雇の対象になることもあり得ます。**

仕事中に服を脱ぐことがないような職場で、誰からも見えないような部位（たとえば背中の真ん中など）にタトゥーを入れていたとしても、解雇にはできません。

しかし、接客業などで、誰もが見える位置にタトゥーを入れ、そのタトゥーが反社会的勢力をイメージさせ、仕事仲間や客をはじめ、周囲の人たちに激しい不安感や強い威圧感を与えていれば解雇の対象となるかもしれません。その場合は就業規則などでタトゥー禁止というルールが設定され、その違反には処分があることがあらかじめ定めておく必要があります※。

茶髪やヒゲ、ピアスなども基本的な考え方はタトゥーと同じです。しかし、タトゥーに比べれば、いずれも社会的な容認度は高いといえますので、これらを理由に解雇やペナルティーを科すには、よほどの合理的な理由がない限りはできないでしょう。

※労働契約法第7条・第15条

PIPで能力が低いと解雇されるのか

PIPの結果を理由に解雇を行う企業があります。PIPはPerformance Improvement Plan の略で日本語では「業務改善計画」などと訳されます。このプランは成績不振とみなされた労働者の業務改善、能力開発を目的としたもので、ある一定の期間に業績目標をはじめとした多くの課題が課され、それがクリアできないと何らかの処分が下されるというものです。事前に対象者に「PIPが達成できない場合は降格、減給または解雇の処分を受けることを認めます」というような書面にサインをさせる会社もあります。

実際には、業務改善計画というより解雇する手段の一つと見ることができ、このプランを受けるよう要請されたら、解雇の前兆と思っても差し支えないでしょう。

しかし、**どう考えても達成できない目標や課題であれば、それを達成できないという理由での解雇は不当**となります※。また、挨拶が悪い、人とのつき合い方が悪い、協調性がないといったような**抽象的な課題を「業務改善」だとしつつ、プランが終わってみると「改善されていない」などといって解雇する場合もあります。しかし、そのような方法では解雇はできません**。このようなケースでは、解雇は無効だと訴えることが可能です。

※ブルームバーグＰＩＰ解雇事件／東京地方裁判所 平成24年10月5日判決

整理解雇

会社の都合で解雇するリストラ

整理解雇は、一般的にリストラと呼ばれる解雇です。**会社の経営悪化による人員整理や、経営のスリム化などを図るために行われる解雇**です。

リストラは本来、会社側の都合によって労働者を解雇するので、普通解雇や懲戒解雇のように労働者側に問題があるわけではないため、会社側にとっては難しい解雇となります。

ところが日本では普通解雇や懲戒解雇より、リストラのほうが「仕方がない解雇」とあきらめがちです。ですが、契約解除の原因を作った側＝会社側が、労働者を一方的に契約解除する＝解雇するのはおかしな話です。つまり、会社が自分自身で経営を悪化させたのに、労働者との契約を解除して、その結果、労働者は苦しい立場になり、一方の会社はリストラで楽になるというのですから、ヘンだと思いませんか？　解雇は労働者に与える打撃が多大なのです。

とはいえ、会社がリストラをしないと倒産してしまうなど、まさに「船ごと沈む」結果を招けば社会的な損失が大きくなります。そこで裁判所は**整理解雇をする場合は、以下の四つの項目をチェックする必要がある**としています。

1　人員削減の必要性

人員整理をしなければならないほど財務的にきついか？

2　解雇回避努力

解雇を回避する努力をしたのか？　解雇以外の方法もあるのではないか？

たとえば、希望退職は募ったかといったことが、チェック項目になります。

3　人選の合理性

その人を解雇すると決めた基準はあるのか？

会社側の都合によって労働者を解雇するのですから、公正な基準で対象者を選ぶ必要があります。そこで、対象者が選ばれた基準が公正であったかがチェックされます。たとえば、勤務態度が悪い、懲戒歴があるいう理由で対象となるのであれば、人選の公平性は理解できますが、そうではなく、人事担当者などが好き嫌いで選ぶとなると公正な人選とはいえません。

4 労働者への説明

きちんと整理解雇の協議をしたのか？

会社側が労働者にリストラの必要性を説明、協議し納得を得る努力をしたかが問われます。

以上の4項目をきちんと果たしたうえでのリストラであれば有効になりますが、総合的に見て不足であるとなれば整理解雇は無効になります。

しかし、この4項目を全部クリアするのはそう簡単ではありません。会社の経営状態がかなりひっ迫していて、希望退職者も募り、役員の報酬も減らしたのに、最低限この人数は解雇しないと「会社の経営が立ち行かない」となれば、人員削減の必要性や解雇回避努力は認められる可能性は高いでしょう。そのうえで人選の基準をしっかり立てて、労働者に十分説明する――。そうしたプロセスをきちんと踏むのは実際には難しいのです。

ところが、労働者はリストラされるとあきらめてしまうケースがほとんどです。しかし、**自分はリストラされたのに会社では新入社員を募集しているというような事態がもしあれば、それは矛盾する行為**です。解雇回避努力をしていないことになります。そのような場合は不当解雇になる可能性が高いでしょう。

懲戒解雇

安易な理由では懲戒解雇にはならない

労働者側に非があり、企業秩序を乱した場合に会社は懲戒権を行使して、社員を解雇することができます。これが懲戒解雇です。ただし、懲戒ができることを就業規則などに定めておくことが必要です※。

懲戒には訓戒告や出勤停止、降格、減給などがありますが、そのなかでもっとも重いのが懲戒解雇です。一度懲戒解雇になってしまうと、再就職をする場合に履歴書に懲戒解雇と書いたら、採用の可能性は極めて低くなるでしょう。それほ

※労働契約法第15条

ど重い解雇ということです。

ですから、裁判所も懲戒解雇が有効か無効かを争うときには、かなり厳しく内容を調べ、きちんと懲戒解雇に至る手続きを踏んだか、会社が懲戒解雇にする理由を立証できるのかを問います。

懲戒解雇の対象として考えられるのは、横領などの犯罪行為、会社の名誉を傷つける非違行為、重大な経歴詐称、重大なハラスメントの加害行為などです。懲戒解雇のなかには「社長を怒らせたから」などという安易な理由によるケースもありますが、そのような懲戒解雇はほぼ無効になります。よほどの理由でないと、懲戒解雇という重い処分を有効とするほどのものとはなりません。

そして、懲戒解雇だけでなく、懲戒処分全般にいえますが、懲戒処分は平等に行わなければいけません。**同じことをしたのにある人は訓戒告で済み、自分だけ懲戒解雇になった場合などは、不平等という理由で懲戒解雇は無効になる可能性があります**。

また、懲戒解雇をするにはきちんと手続きを踏む必要もあります。就業規則に懲戒解雇するときは懲罰委員会を開いて議論をして、結論を出すと書いてあるのに、一切議論をせず、社長だけで懲戒解雇を決定したというケースは、手続き上の不備で無効になることがあります。

懲戒処分には弁明を聴く必要がある

就業規則に懲罰委員会を開催するなどの手続きについて記載がない場合でも、会社側は労働者の弁明をきちんと聴く機会を設ける必要があります。**懲戒処分では、処分を下される側の言い分を聴くのが基本的には必要**なのです。もしかしたら、十分に反省をしているかもしれないし、自分は会社に損害を与えるようなことはしていないと主張するかもしれません。そのような弁明を聴いたうえで懲戒解雇や懲戒処分審査をしなくてはいけないのです。

ここで解雇が無効になった有名な判例をあげておきましょう。高知放送の宿直のアナウンサーが、2週間のうち二度、ニュースの時間に寝坊して放送ができなくなったことがありました。これを理由にアナウンサーは懲戒解雇となるところ、会社の配慮で普通解雇になりました。これに対して彼は裁判を起こします。そして最高裁の判決では解雇が無効になったという事案です※。

二度も寝坊して番組が放送できなくなったのに、解雇は無効になりました。無

※高知放送事件／最高裁判所第二小法廷 昭和52年1月31日判決

効の理由は、注意されて反省を示した、寝坊をした原因がアナウンサーを起こす役の人もいたのにその人も寝坊をしていた、わざと寝坊したのではない、いろいろ不運な条件が重なったなどという理由です。この判例は、解雇の条件は非常に厳しいことを示すリーディングケースになっています。そして、この考え方は今も受け継がれています。しっかりした理由がないと解雇はできないということを、ぜひ覚えておいてください。

納得できない解雇は、撤回を求める

解雇は、**30日以上前に解雇予告をしなければなりません。もし即日解雇するなら、30日分の給料相当の解雇予告手当を支払う必要があります**※。解雇予告が設けられているのは労働者が解雇により収入がなくなり、生活できなくなるのを防ぐためです。

ただし、懲戒解雇の場合、横領など明らかに、その労働者に非があるような場合は即日解雇でき、労働基準監督署長に届け出て認められれば、解雇予告手当を支払う必要はないとされています※。もっとも、これは例外です。基本的には30

※ 労働基準法第20条

※ 労働基準法第20条第1項・第3項

日前の解雇予告か、30日分の給料相当の解雇予告手当を払う必要があります。

また、解雇された人が会社に対し解雇の理由を書面に書いた解雇理由証明書を請求すれば、会社はそれに応じなければいけません。これは労働基準法上の義務です[※]。**解雇されることがあれば、この解雇理由証明書を必ずもらうように**しましょう。**書面に書かれた理由に納得できなければ、労働組合や弁護士に相談して、解雇の撤回を求めましょう。**

解雇の撤回を求める場合、まずは解雇理由証明書に記載されている理由に客観的合理性があるのか、社会通念上その解雇が相当といえるかどうかが判断されます。もし、解雇理由が不当と考えられれば、元の職場に戻れるように訴えることになります。この訴えの多くは弁護士や労働組合を介して行われます。

会社との話し合いで解決しなければ、解雇の無効を訴えて裁判を起こすケースもあります。裁判で勝訴したら、解雇されてから無効判決までの間に支給されるはずだった賃金を得ることができます。たとえば判決が出るまで1年かかったとすると、会社は1年間分の給料を支払う必要があるのです。また、解雇が無効になれば元の職場に復帰し、以前と同額の給料をもらえることになります。

※ 労働基準法第22条第1項

しかし、一度解雇になった会社には復帰したくない人もいるでしょう。その場合は会社にお金を払わせることで和解し、退職することもあります。これを金銭解決と呼びます。実際に、**解雇事件では金銭解決しているケースが多くあります**。

ですから、解雇されたとき、「あんな会社にはもう戻りたくない」と思っていても、不当な解雇を受け入れる必要はありません。専門家と相談して、会社に一矢報いることができないか相談してみましょう。

退職勧奨は断ることができる

会社が労働者に退職を勧めるのが退職勧奨です。解雇は会社が一方的に契約終了を告げるものですが、**退職勧奨は「辞めてくれませんか?」と労働者に尋ねているだけです**。ですから、**労働者はこれを断ることができます**。ここが、解雇との大きな違いです。

なぜ、会社が退職勧奨をするかといえば、解雇にするには、ここまで説明してきたように、合理的な理由が必要である※など、さまざまな制限があり、簡単にはできないからです。

※労働契約法第16条

しかし、退職勧奨によって対象となる労働者が退職に同意すれば、解雇ほど複雑な手続きは必要ありません。そこで会社は、人員削減の一つの方法として利用しているのです。

ケース8
面談に呼び出され、退職を勧められた

ある日、いきなり上司から面談に呼び出されて、「成績がふるわないから、うちの会社には合っていないんじゃないのか？　退職して次の道を見つけたらどうだ？」と言われ、退職届に署名捺印を求められました。

ケース9
退職金を割り増しするので、退職してくれと言われた

「リストラで人員削減しなければならないんだけど、君どう？　今なら退職金を割り増しにするけど、退職してくれないかな？」と言われ、退職届にサインを求められました。

解決策

退職したくないなら、退職届にサインせずに断る

ケース8、9ともに退職勧奨でありがちなケースです。ケース9はリストラの際に会社がよく使うやり方といえるでしょう。

退職勧奨は解雇と異なり、拒否できます。**その場で退職届にサインを求められても、すぐに署名しない**ようにしてください。

「もう、この会社にいたくない」と思っても、すぐに承諾して署名捺印するのではなく、**退職金の割り増しなどの好条件を引き出しましょう**。会社から、「辞めてくれ」と言われたら、「少し考えさせてください」と言って、「こういう条件なら辞めてもいいです」、「これでは辞められません」などと退職の条件を交渉するのです。自分が出した条件に至らなければ、「辞めません」と断ればいいだけです。

同じ退職をするにしても、好条件をつけて退職したほうがいいでしょう。外資系企業の会社員などでは退職勧奨を受けたら、弁護士をすぐに呼び、会社側と交渉して、それなりの金額を支払わせるケースが多いようです。外資系企業でなくても、そうした交渉をしても、何も問題はありません。

ほとんどの人は退職勧奨など受けるとは思っていないので、驚いて冷静さを失ってしまいがちです。その結果、退職勧奨を受け入れてしまうケースが多くあります。退職勧奨を受けた際のことを、一度自分の頭のなかでシミュレーションしておくと、実際に受けた場合に対処の仕方がまったく違ってくると思います。

ケース10

退職勧奨を断ったのに、それでも退職を迫られた

退職勧奨を断ったら、「君は会社のお荷物だ」とか、「君が会社にいるとみんなが迷惑している」とか、「いつ辞めてくれるの?」などと言われています。退職勧奨に応じるべきでしょうか?

解決策

不法行為の可能性があり、慰謝料請求ができる

あまりにも退職勧奨がすぎると退職強要という不法行為になることがあり、慰謝料が請求できるようになります。

退職強要かどうかは、会社側の言葉遣い、退職を迫られた回数や時間で判断されます。退職を断ったのに毎日のように呼び出して、「いつ辞めるのか」を繰り返し言われ続ければ、退職強要になる可能性が高いです。そのとき「君のためを思って言っている」など、どのように穏やかな言葉を使ったとしても、断っている人に執拗に退職を求めれば退職強要になります。その場合は、慰謝料が請求できます。

解雇でも、退職勧奨でも失業保険は支給される

解雇でも退職でも、離職した人で、一定期間保険料を納めていれば失業保険が支給されます※。また、**会社の都合で退職したり、解雇されたりした場合は、給付制限期間がありません**。

倒産や解雇など会社側の都合で離職した場合は7日間の待期期間で失業状態と認定され、支給が開始されますが、自己都合で離職した場合、失業保険が給付されるまでに7日間の待期期間に加え、2カ月の給付制限があります。

ですから、会社を辞めるときの理由は要注意です。**退職勧奨のように会社から**

雇用保険法

図2-2

離職理由と失業保険の支給まで

離職理由	解雇、定年で離職した人	自己都合で離職した人
支給の開始	離職票を提出した日から 7日の失業の日数（待期）が 経過したあと	離職票を提出した日から 7日（待期）+2カ月（給付制限） が経過したあと
実際に給付金が 振込まれる時期	離職票を提出した日から 約1カ月後	離職票を提出した日から 約3カ月後

大阪労働局ウェブサイト「失業保険　支給の開始と期間は…」より作成

辞めてくれと言われたのに、自己都合退職にされてしまうこともあります。退職勧奨に応じる場合では会社側に、退職理由を会社都合の合意退職とするなど、何らかの条件を要求したほうがいいでしょう。

COLUMN

トラブル解決をサポートする労働組合

トラブルに備えて加入しておく

賃金、待遇、職場環境などの改善を会社に求める場合、一人では相手にしてもらえなかったり、一人一人が勝手なことを言ったりしていては、なかなか会社との話し合いができず、問題の解決につながらないものです。

そんなとき、労働者が団体を組織し、自分たちの意見をまとめ、代表者が会社と交渉すればスムーズな解決が期待できます。それが労働組合です。

労働組合は発起人を含めて二人以上の労働者がいれば結成でき、会社はそれを阻止してはいけないことになっています※。その活動は労働組合法で守られ、会社との団体交渉権※、争議権※が認められています。争議権では労働者によるストライキを認め、それにより業務の運営が妨げられても、刑事上も民事上も責任

※労働組合法第7条第1項、憲法第28条

を負わないとしています※。

会社に労働組合があれば加入することを勧めます。トラブルを組合に訴えれば、団体交渉権を行使して、解決するよう会社と話し合ってくれます。**会社は申し込まれた団体交渉を拒否することはできません**※。交渉ではトラブル改善のための要望を話し合い、それが合理的なものであれば会社側も検討するはずです。

要望がどうしても通らないときには、ストライキを起こすことができます。近年ではあまり聞かなくなりましたが、現在でも行われています。最近では、自動販売機にジュースを補充する労働者たちがストライキを起こして話題になりました。また、外国では頻繁に起きており、飛行機が欠航することもあります。

労働組合は必ず組織しなければいけない団体ではないので、会社によっては労働組合がないところもあります。労働組合が会社にない場合、一人でも入れる労働組合がかなりあります。ユニオンあるいは合同労組という名称で活動している組織が多く、インターネットで検索するとヒットします。

会社は、ユニオンや合同労組が交渉を求めれば、やはり拒否することはできません。職場でのトラブルに備えて、職場にある労働組合や、一人でも入れるユニオンなどへの加入をおすすめします。

※刑事免責・民事免責、労働組合法第1条第2項・第8条

※労働組合法第7条第2項

TROUBLE 3

ハラスメントをめぐる問題

ひと口にハラスメントといっても、社会にはさまざまなハラスメントがあります。

社会的な問題として、最初に大きな話題となったのがセクシュアルハラスメント、いわゆるセクハラでした。次に、働き方のなかで問題となってきたのが、パワーハラスメント（パワハラ）。比較的新しいものではマタニティーハラスメント（マタハラ）、最近ではモラルハラスメント（モラハラ）、リモートハラスメント（リモハラ）、そしてSO《ソ》GI《ジ》ハラというハラスメント行為も発生しています。SOGIハラは、性的指向（Sexual Orientation）と性別への自己認識を指す性自認（Gender Identity）の頭文字にハラスメントを付けた造語です。

職場で起きるハラスメントで代表的なものはセクハラ、パワハラ、マタハラかと思います。まず、これらのハラスメントについて説明していきます。

性別に限らずセクハラは起こっている

性的な嫌がらせが、セクハラやSOGIハラになります。

セクハラは**環境型セクハラ**と**対価型セクハラ**とに分けられます。環境型の典型的な例が〝職場にヌードポスターを貼る〟というものでした。さすがに今はそんなオフィスはないと思いますし、あってはなりません。似たような例としては、ヌードに近い水着姿の女性の写真を全員が見えるような場所に貼る、パソコンのデスクトップ背景画面をそのような性的な画像にするなどがあります。「自分の好きな芸能人の写真を貼っているだけだ」と反論されるかもしれませんが、**受け止める側が性的なものを感じて職場環境を害されたと思えば、その時点でセクハラとして制限できる対象になります**。また、職場や宴席で体を触られた、性的な噂を流されたなども環境型セクハラといえます。

対価型は、性的な関係を要求され拒否したら降格や配置転換をされた、食事に誘われたのを断ったら仕事の評価を下げられた、セクハラを抗議したら不利益な配置転換をされたというように、**セクハラ行為と引き換えに業務上の利益・不利益を持ち出すハラスメントを指します**。本来は会社が、セクハラが起こらない職場環境を整えなければいけないのに、社長自身がセクハラ行為をしたケースも多々あります。

セクハラを受けやすい対象はやはり女性が多く、派遣社員、契約社員、パート・アルバイトなど立場が弱い社員や、正社員では新入社員や部下が被害者として多いようです。また、シングルマザーも仕事を辞めにくく、再就職もしにくいという立場から、対象になりやすくセクハラの例があとを絶ちません。

最近では女性だけではなく、業務指導と称して執拗にＬＩＮＥをする、休日も呼び出して二人だけで業務しようとするなど、男性が被害者のセクハラも見られ、裁判例も出ています※。性別に関係なくセクハラが起きているということです。

性的指向や性自認の暴露はハラスメント

先述のようにＳＯＧＩハラは性的指向や性自認に対するハラスメントと説明しました。性的指向は性の対象を指しますが、性自認とは自分自身の性をどう認識するか、たとえば「体は女性だが自分は男性」、「体は男だが自分は女性」と自分が男女どちらの性別を認識しているのかということです。

※バイオテック事件／東京地方裁判所 平成14年11月27日判決

ＳＯＧＩハラの代表例は、**性的指向・性自認を本人がオープンにしていないのに、他人がそれを暴露する行為で、これをアウティング**といいます。たとえば、ゲイを相談された人が相談相手のことをゲイであると職場などで暴露したり、性同一性障害を告白された人が他の人に「あの人はトランスジェンダーだ」などと暴露したりするのがアウティング行為となり、ＳＯＧＩハラになります。

「なよなよしている。おまえはゲイか」、「ゲイは気持ち悪い」、性同一性障害を告白している男性に「男のくせに女のカッコをするな」など、**性的指向や性自認に対する偏見と差別意識を持った言動を取ることもSOGIハラ**とされます。

地位を利用して相手に苦痛を与えるパワハラ

パワハラは職場での地位を利用して労働者に苦痛を与える行為を指します。パワハラには次の６類型があります。

1　身体的な攻撃

殴る、蹴る、突き飛ばすなどです。昭和の時代には殴るのが叱責とされていたこともあり、今でもたまに見かけるパワハラの典型です。暴力行為は職場に限らず、社会でも違法です。もし、そのような古い体質がまだ会社に残っていても、殴られても仕方がないなどと思わないでください。それは叱責ではなくパワハラですし、それ以前に犯罪（暴行、傷害）です。

2　精神的な攻撃

「ばかやろう」、「死ね」など、相手を罵倒する行為です。パワハラに当たる暴言の類型ではとても多くの事案があります。

3　過大な要求

どう考えても、達成できないような重いノルマを課したり、それができないことを責めたりすることです。この類型は退職勧奨や解雇とセットで行われることが多く、達成は無理だと思われる仕事を押し付けておきながら、達成できないことを理由に退職を迫ったり、解雇したりします。

4　過小な要求

キャリアに見合わない仕事を与えることです。一日中、小学生の算数ドリルを解かせる、シュレッダーをかけさせる、不要書類を手で破かせる……そのような仕事しか与えないようなことです。ひどい話だと思うでしょうが、これらの例は実際に起きたパワハラです。

5 人間関係からの切り離し

労働者を孤立させてしまうパワハラです。無視したり、隔離したり、情報を遮断したりして仲間外れにします。

6 個の侵害

プライバシーの侵害ともいえます。たとえば、「スマホを見せろ」と言って、スマホを取り上げて画像を見るとか、その人の家族を批判するとか、「おまえは親として、ろくでもないやつだ。だから息子もダメなんだ」といったような言動が個の侵害の一例になります。

パワハラは対象となる労働者を退職に追い込む手段として、しばしば行われる

ことがあります。退職勧奨を拒否したら配置転換させられて、過大なノルマを課せられたり、一日中シュレッダーを操作する仕事をさせられたり、小部屋に隔離されたり……と会社に居づらい状況に追い込み、対象者が退職するのを待つという手段に用いるのです。

パワハラは上司と部下、先輩と後輩、発注者と受注者などの上下関係で発生しやすいとされています。もちろん、同僚同士でも起きますし、部下から上司に対しても起こり得ます。

妊娠をきっかけとしたマタハラ

マタハラは、比較的最近に名前が付けられたハラスメント行為です。典型例には妊娠を理由にした降格、役職解任、正社員から契約社員にするなどがあります。ほかにも、同じ職場で働いている周囲の人たちから受ける、「迷惑だ」「妊娠したら辞めたほうがいい」などといった心無い言葉やイジメもマタハラです。

マタハラと近いものでパタハラがあります。パタニティー・ハラスメントという造語で、男性社員が育児休業を取ったときなどに受けるハラスメントです。

筆者が担当した事件で、育児休業を取るという社員を懲戒解雇にした事例がありました。権利を行使したら懲戒解雇にされるというのは道理が立ちません。裁判となり、会社が多額のお金を払って終わりました。

ハラスメントは慰謝料請求ができる

いずれのハラスメントも、**会社はそうしたものが職場で起きないようにする義務を負っています**。これを安全配慮義務といいます※。労働者は会社の指揮命令のもとで働かなければいけません。そこで**会社は、社員が働く環境を安全で働きやすい環境にする義務がある**のです。ハラスメントが起きるような職場は安全な職場とはいえません。

このため、ハラスメントが起きた場合、会社が安全配慮義務を怠った、つまり安全配慮義務違反になることがあるのです。違反を犯さないために会社がすべきこととされているのは、**社員向けにセクハラ研修、パワハラ研修などのハラスメント防止講習の開催やハラスメント通報窓口の設置**などです。実際にハラスメントがあった場合に適切にやめさせることも会社のすべきことです※。

労働契約法第5条

男女雇用機会均等法第11条、労働施策総合推進法第30条の2以下

ハラスメントの被害にあったら、慰謝料などの損害賠償請求が可能です。ただ、日本の場合、慰謝料の水準は高くありません。もちろん、深刻な被害の場合は高額になりますが、それでも被害に見合った金額であるとはいい難い金額です。ハラスメントが原因で精神的あるいは肉体的な病気に罹り、通院するようになれば治療費も請求できます。また、仕事を休まざるを得なくなった場合は、給与相当額の損害賠償請求もできます。

請求は加害者と会社の両者にできます。加害者はハラスメント行為という不法行為をした責任者として、会社には安全配慮義務を怠った責任者として、それぞれ損害賠償請求ができます※。

民法第709条、第715条

ハラスメント行為の証拠の残し方

損害賠償請求をする際には証拠が必要です。

証拠を集める王道ともいえるのが**録音**です。セクハラも、パワハラも、マタハラも、SOGIハラも録音があるかないかでは、ハラスメントを立証する際に大きな違いが出ます。

ハラスメント行為は、密室で行われることが多いのが特徴です。パワハラでは、たとえば上司が部下を個室に呼び出して、「こんなこともできないのか」と罵倒したりするのですから、録音をしておかないとなかなか立証できないケースがあります。個室では誰も見ていないので、裁判などでは客観的な証拠が要求されます。そんなとき、録音は客観的な証拠になるわけです。

さて、録音をする際によくいわれるのが、相手に無断で勝手に録音するのは違法ではないかということです。**無断録音でも証拠になるので、安心してください**。これはぜひ覚えておいてほしいと思います。確かに、ハラスメントでもなんでもないのに、普通の会話をこっそり無断で録音するのは違法性があるかもしれません。しかし、**自分が被害に遭い、身を守るために何か証拠を残す必要があるときに録音するのは無断録音でも許されることが多い**のです。

ただ自分が出席していない会議や、第三者同士の会話などの録音は盗聴となり、違法とされる場合がありますので、注意してください。自分が出ていない会議の録音を証拠として提出して、否定された例もあります。**基本的に証拠として使えるのは、あくまでも相手と自分とのやり取りの録音**です。この点に注意して音声を必ず録っておきましょう。

もし、**録音できなければ、少なくともメモは取っておくこと**です。メモだけではなかなか立証が難しいのですが、メモがないと、どのような事実があったのかということ自体がわからなくなってしまいます。何月何日に、誰から、どこで、何を言われたか、何をされたかは書いておいたほうがいいのです。メモすらないと裁判さえできません。あの人にひどいことを言われたと抽象的に訴えるだけでは損害賠償請求できないのです。

また、**LINEやMessengerでハラスメント行為をされたと家族や友達に伝えておくのも、証拠を残す手立てになります**。セクハラだと、なかなか伝えにくいかもしれませんが、書けることがあればLINEなどで伝えておくと、その時点で、自分がハラスメント行為を受けたという証拠が残ります。LINEの「Keepメモ」機能も有効な証拠保全方法です。メモだけでは、あとから書き足した、あとで作ったと言われる心配がありますが、LINEであれば時間が限定されるので、証拠としての価値がメモよりも高いといえます。

このように証拠の残し方は、いろいろと工夫が必要です。メモだけでなく、録音なり、LINEなり、何かしら、ハラスメント行為を立証しやすい証拠を残しておきましょう。

TROUBLE 4

公正な待遇の問題

まず、法律で求められる公正な待遇とはどのような待遇かを考えてみましょう。

男女の違いで基本給や有給休暇、福利厚生などあらゆる待遇で不合理な差をつけてはいけない※のは当然ですが、**無期雇用社員と有期雇用社員、フルタイム労働者とパート労働者、派遣先社員と派遣社員などの間でも、公正な待遇をするように法は求めています**※。

たとえば、無期雇用社員と有期雇用社員が同じ職務内容で、転勤の有無など配置変更の範囲も同じであれば、基本的には待遇に差があるのはおかしなことになります。**もっとも、職務内容の違い、能力や経験の違いなどによる待遇差といった、合理的に説明できる待遇差は許されています**。

※労働基準法第4条、男女雇用均等法第5条・第6条
パートタイム・有期雇用労働法第8条・第9条・第10条・第11条など

派遣社員と派遣先社員との待遇差は違法

派遣社員と派遣先企業の社員では仕事の内容や配置変更の範囲、経験、能力などが同じであれば基本給、賞与などの待遇に差をつけることはできません※。

そこで派遣先企業では派遣社員を受け入れるときには、業務ごとに自社の社員の賃金や研修制度、福利厚生などの情報を派遣会社に提供する義務があります※。

しかしながら、派遣先企業は自分の会社の情報を外部である人材派遣会社に提供したがらないものです。

そのため、違う方法での「均衡待遇」も規定されています。それは、派遣会社が自社の労働組合か社員の過半数の代表者と労使協定を結び、待遇の水準を決めてしまう方法です。こうすると、派遣先企業は詳細な情報を提供する必要がなくなります。この労使協定方式を採用すれば、賃金を含む待遇について、必ずしも派遣社員は同じ業務をする派遣先企業の労働者と同程度にならなくてもいいことになります。結局、派遣社員と派遣先企業の労働者との間の待遇差を埋める道のりは遠いといえます。

派遣社員として勤務していて、派遣先企業の社員とあまりにも大きな待遇の差

※労働者派遣法第30条の3第2項

※労働者派遣法第40条

があれば説明を求めることができます※。派遣社員に限らず、契約社員、パート・アルバイトでもいえることですが、**会社は待遇差の理由について説明を求められたら、その要求に応えなければなりません。**

非正規も正規と同じ有給休暇が取得できる

有給休暇は6カ月以上勤務し、8割以上出勤した社員には初年度10日間、最大20日間が有給で与えられる法律上の休暇です。会社は10日以上の有給休暇が与えられる社員には、1年間で少なくとも5日間の有給休暇を取らせることが義務付けられています。有期雇用の社員も同様です。第1部でも説明しましたが、条件さえ満たしていれば学生のアルバイトでも有給休暇を取ることができます（58頁参照）。派遣社員は派遣会社に申し出れば有給休暇を取得できます。派遣先企業はそれを拒否することはできません。

会社によっては法律で決められた有給休暇のほかにも、就業規則などで定めた有給休暇を特別休暇として社員に与えている会社があるかもしれません。そのようなプラスαの有給休暇も、正規社員との間で不合理な差を設けてはなりません

※労働者派遣法第31条の2

ので、非正規社員にも与える必要があります。

有給休暇をいつ取るかは社員の自由です。また、**有給休暇を申請するときに、その理由を告げる必要はまったくありません**※。もし、有給休暇の申請書などがあり、理由を記入することになっていても、記入する必要はないのです。

ケース11 特別休暇の日数が正社員と有期雇用では異なる

正社員には約1カ月の有給で病気療養休暇があるのに、有期雇用の社員には10日間しかありません。それも無給です。これは不合理な待遇差といえるのではないでしょうか？

解決策 不合理な待遇差であり、同じ待遇を要求できる

このような件について会社に説明を求めると、「正社員は長期雇用を前提としている。途中で辞めてほしくないのでインセンティブを与えている」という理由を回答することがしばしばあります。インセンティブとは〝やる気を向上させる

※労働基準法第39条

刺激、やる気を起こさせる報奨〟という意味で使っているのだと思います。

有給の休暇以外にも正社員と有期雇用社員の待遇差を、会社は「長期雇用のインセンティブ」と説明することがよくあります。

郵便局職員の病気休暇の待遇格差が争われていた事件で、最高裁判所は、正社員は有給で90日間、有期雇用社員は無給で10日間しかないという点において、その差が不合理であるとしました※。

女性を保護する休暇は差別ではない

休暇のなかに生理休暇があります。労働基準法には「生理日の就業が著しく困難な女性」は休暇の申請があれば就業させてはならないとあります※。ですから、会社は生理休暇の申請があれば拒否できません。ただし、生理休暇が有給か無給かは会社によります。

出産の場合、労働基準法では出産前6週間、出産後8週間の産前産後休業（産休）の休暇を認めています。産前休暇は本人が請求した場合ですが、産後は本人が出勤を希望しても就業させてはならないことになっています※。また、妊娠中

日本郵便3事件／最高裁判所第一小法廷 令和2年10月15日判決

労働基準法第68条

労働基準法第65条

の女性が現在の仕事より軽易な業務を求めたときには応じなければいけません※。

このような規定は女性保護のためのもので、男女差別ではありません。むしろ、そのような保護を撤廃してしまうほうが差別的になってしまいます。

諸手当、福利厚生施設の利用にも差をつけてはいけない

もし、**正社員には交通費が全額支給されているのにパート・アルバイトには支給されていないとしたら、それも待遇の不合理な差**になります。

正社員には皆勤手当があり、パート・アルバイトにはない場合もあります。会社はこのような差の理由を、パート・アルバイトは週3日の出勤で短時間労働だからというかもしれませんが、出社日数や働く時間が少なかったり、短時間であったりしても、100対0という差は不合理とされる可能性が高いのです。

手当以外にも、社員食堂や休憩室など福利厚生施設の利用も雇用形態によって差別することは、何かよほどの理由がない限り不合理とされる可能性が高いといえます※。**正社員は社員食堂を使えるが、パート・アルバイトは使えないというような待遇の差を設けることは、不合理な差**だといっていいでしょう。

※労働基準法第65条第3項

※パートタイム・有期雇用労働法第8条

性別による差別は禁じられている

男女雇用機会均等法では、募集、採用、配置、昇進、教育訓練、定年、解雇などで性別を理由にした差別を禁止しています。この法律では、結婚・妊娠・出産を理由にした不利益な扱いをすることも禁止しています。また、**妊娠中の女性社員、出産後1年を経過しない女性社員を、それを理由にして解雇することは無効**になります※。

20数年前まで女性の深夜勤務には制限がありましたが、現在は撤廃され男女ともに深夜勤務に就くことができるようになりました。ただ、女性を深夜勤務に従事させるためには、会社側が夜間の通勤や職場の防犯面からの安全を確保することが必要です。

女性差別として最近、話題になったのが女性はハイヒールを履かなければならないという服装規定に反対する「#KuToo（クートゥー）」運動です。これは、2019年（平成31）1月、職場の服装規定により、高さ5センチから7センチのハイヒールを履くことを強制された女性が、抗議をTwitterに投稿したのがきっかけでした。これに共感する人たちが次々にリツイートし、特定の種類

※男女雇用機会均等法第9条

の靴を履くことを課している企業に対し、撤廃を求める運動が広がりました。「KuToo」は「靴」と「苦痛」をもじった造語です。また、セクハラを告発する「#MeToo（ミートゥー）」運動とも語感を似せています。

さて、このような服装の強制は女性差別になるのでしょうか？

特別な事情でどうしても服装に決まりがある場合以外で、果たしてハイヒールを服装規定で強制することに合理的な理由があるのでしょうか？　男性でいえば、ネクタイにスーツという服装をしなければならない場には、通常は革靴を履きます。女性もある程度フォーマルな服装をしなければならないとき、ハイヒールでなければいけないかどうかです。ハイヒールではなくても、その服装にふさわしいローファーのような革靴でもいいのではないでしょうか？　するとハイヒールに限定する必要はなくなります。「#KuToo」運動に対し法的な結論は出ていませんが、ハイヒールを強制するのは不合理と考えてもおかしくないと思います。

また、もしハイヒールの強制が不合理なら、女性にのみ制服着用を義務とするのはどうでしょうか？　女性は制服、男性はスーツという会社は珍しくありません。たとえば、女性の制服でもスカートに限定されている場合はどうでしょう？　合理的な理由もなく丈の短いスカートを着用させるなどしていたら、これはセクハラの可能性が高く、違法となることもあります。

ＬＧＢＴのケースを考えると、カミングアウトしている人で「外見は女性だが心は男性であり、女性の制服を着て接客するのは苦痛である」と会社に訴えた場合に、会社は制服着用を強制できない場合も出てくるでしょう。

女性だけが制服着用という就業規則が有効かどうか、争われた事例はありませんが、もし今後、裁判で争うようなことがあれば制服着用の規則は無効になる可能性が高いのではないでしょうか。

このように雇用形態、性別差による待遇差は合理的な理由がない限り、賃金から施設利用、服装に至るまで、あらゆる面において認められることはないのです。

第２部では正規、非正規に関係なくすべての雇用形態で起こり得るトラブルとその解決方法を述べてきました。トラブルが実際に起きてしまったら、労働組合、労働基準監督署、都道府県の労働局などの相談窓口に出向いて解決策を相談してください。時には弁護士の力を借りる必要があるかもしれません。そのような相談窓口については本書の最後に紹介します。

COLUMN

働く前に求人票をよく見る

トラブルが起きやすい会社を見分ける

就職活動や転職活動では応募する会社をどこにするか、判断の基準になるのが求人票です。求人票には職種、就業場所、仕事の内容、賃金などの情報が記載されています。

トラブルが起きやすい会社、入社を避けたほうがいい会社を求人票から見分ける五つのポイントをお話ししましょう。

1　基本給と諸手当のバランスをチェックする

求人票では基本給と諸手当のバランスが重要なチェックポイントとなります。

基本的にハローワークの求人票は基本給、諸手当がきちんと記載されているので、会社がよほどのウソつきでない限りは信用しても大丈夫です（その前提でハローワークは求人票を出しています）。

注意したいのは民間の求人媒体の求人広告です。よく見てほしいのは、**賃金が固定残業代（119頁参照）になっていないか、どうか**です。それも固定残業代と書いてあればわかりやすいのですが、「○○手当」のように書かれていると少しわかりにくいと思います。

もし、「基本給20万円、諸手当10万円」などと書いてあったら、普通はこの「諸手当」は残業手当以外の何かの手当だろうと思い、基本給と合わせて30万円の給料と思いますよね。ところが入社してみると、「諸手当」というのは「固定残業手当」のことで、結局、通常の労働に対する給料は20万円の会社だったということもあります。

「基本給20万円＋諸手当10万円」であれば、まだかわいいもので、場合によっては「基本給14万円＋諸手当16万円」のように基本給を異常に低く抑えている会社もあります。このような会社は、基本給を最低賃金から逆算して設定している可能性が濃厚です。ですので、**基本給より手当が高めに書かれている会社は要注意**だと思います。

2　社会保険、退職金、賞与、残業の有無をチェック

本来、一定の条件を満たすと会社は社会保険の加入義務があるため、「社保完備」は当然なのですが、ある業界紙の求人ページには、**募集内容からすれば「社保あり」なのに、「社保なし」と明記している**ものがありました。おそらく、業務委託扱い、つまり**社員として雇用するのではなく個人事業主として業務を依頼するという形態にしてしまう**のだと思います。そうすると、基本的には有給休暇や残業手当など、雇用契約で認められる労働者の権利がない扱いとなるので要注意です。

また、退職金、賞与も、支給される場合は書いてあるはずです。これは労働者にとっては好条件ですから、求人広告に載せるのが普通です。記載がない場合は賞与などが出ないのかもしれません。

残業の有無も確認しておきましょう。ただし、残業があっても求人広告には載せない場合もあるので、応募段階で残業の有無を見分けるのはなかなか難しいかもしれません。

3　甘い言葉や高額の実績例をうのみにしてはいけない

甘い言葉には要注意です。典型例は「やればやるほど給料が上がります」といった、歩合給を強調するようなフレーズを入れている会社です。実際は、**入社してみると過酷な労働が待っているところが多い**ようです。たまに「実績！」として月給例が記載されていることもありますが、一番上位の成績者のものだったり、過去最高のものだったり、嘘ではないけど……というものも多いので、うのみにしないようにしてください。

入社する会社を決める場合は、求人票だけでなく、その会社のホームページもきちんと見ましょう。**「当社は和気あいあいの社風で家族的」といったようにアットホームな雰囲気を必要以上にアピールしている場合は注意が必要**です。もちろん、嘘偽りなくアットホームで和気あいあいとした会社の可能性もあるので、一概にはいえませんが、なかには「家族的」といいながら、ホームページで頻繁に写真が入れ替わり、辞めてしまう人が多そうな会社もあります。

4　女性が長く働いている会社は、働きやすさの指標になる

女性が長く働いているかどうかも、働きやすい会社を見分ける一つの指標です。**女性が長く働いているということは、結婚や出産後も、働ける環境が整っている**

ということになります。絶対とはいえませんが、セクハラやマタハラなどのハラスメントはないと推測することはできます。それは求人票からではわからないと思いますので、面接で従業員の男女比や年齢構成を聞くなど、うまく聞き出してください。

5 年齢構成が若年層に偏っている会社は危険

もちろん、たまたま若い人だけの会社もあるでしょうから必ずしも、そうとも限りませんが、一般的には、**入社しても長続きせずにどんどん辞めていき、その結果、若い人ばかりになった可能性が考えられます**。1年働いたらベテラン扱いされるような会社は考えものです。現実に、「1年後には自分が一番ベテランになっていた」なんていう会社もあるのです。

しかし、こうしたチェックポイントをすべてクリアした会社でも、大丈夫とは断言できないのが残念です。

新型コロナウイルス関連トラブル

2020年（令和2）、新型コロナウイルス（COVID-19）感染症（以下、新型コロナ）の感染拡大の影響で日本のみならず世界中の経済活動が停滞。その結果、倒産や閉店が続出し、働く人たちにも賃金の支払い停止、解雇、雇止めなどのトラブルが発生しています。ここでは新型コロナに関連するトラブルの事例と解決策を解説していきます。

休業が強制でなければ会社都合

感染拡大防止のために店舗営業を休む例が多々あります。問題は休業中の給料がどうなるかです。**休業の目的が会社の都合によるものなら、労働者は給料を満額取得することができます。**

まず知っておいてほしいのは、法律では、**会社の都合で労働者を働かせることができなくなっても、労働者は給料を会社に支払ってもらう権利はなくならない**ということです※。そうなると、「感染拡大防止」という休業の目的が会社の都合なのかどうかが問われてきます。

国からの要請で会社が強制的に休業を強いられる場合には、さすがに休業は会社の都合とはいえないでしょう。しかし、国による緊急事態宣言が出されても休業は強制されず、単なる「自粛要請」による場合は、あくまでも会社の都合での休業になります。

休業しないと国からペナルティーを課されるという事態でなければ、基本的にはその休業は「経営判断」ということになるでしょう。さらに、都道府県などの自治体が独自に出している緊急事態宣言の場合も法的根拠がありませんので、休業しても「自粛要請」による休業になります。

そうなれば、労働者は給料をもらえます。もし月給制の場合であれば、一時的に休業しても、満額の給料が払われることになります。休業を理由に給料を減額されている場合は、会社に支払いを求めるべきだといえます。

※民法第536条第2項

労働基準法では休業手当は平均賃金の6割

法的には会社は自主的に休業したことになりますが、新型コロナの感染拡大防止という社会の安全衛生のために、国や自治体の協力要請に応じて休業した企業がほとんどです。本来は、こういう場合は、国が公的な補償をすべきだと思いますが、現状は民間に一任している状態です。そのため、立場の弱い労働者は休業中の給与を満額受け取っていない状況が多く発生しています。

なお、**労働基準法では最低限払わなければならない休業手当として、平均賃金の6割と定めています**※。

国は雇用調整助成金を用意し、この範囲では企業に援助をしています。これは、正社員、パート・アルバイトなど、働き方の形態にかかわらず会社が利用できる制度です。会社が面倒くさがってこの制度を利用しなくても、労働者が休業前の賃金の8割を直接支給で受けられる制度（「新型コロナウイルス感染症対応休業支援金・給付金」）も設けられました（ただし、申請期限は2021年5月31日まで）。

このように事態は常に動いているので、知らない間に新たな支援制度ができたり、それまでの支援制度が利用しやすくなったりしている可能性があるので、**収**

※労働基準法第26条

入が途絶えてもあきらめてしまわず、利用できる支援制度がないか、厚生労働省や自治体のホームページ等で確認しましょう。

会社の経営判断で営業時間が短くなり、自分のシフトが入らなくなるケースもあるでしょう。このような場合でも休業のケースと同様に考えられ、**本来のシフトで支給される額と同額の賃金をもらうことができます。**

ただ、シフトが流動的で固定していない場合は、賃金としていくらもらえる権利があったのか、証明が難しくなります。その場合は、過去に支給されていた賃金の額などを参考にして、減った分を求めることになります。

在宅勤務でも残業手当は請求できる

新型コロナ対策として、出社しないでリモートワークやテレワークなどでの働き方を採用する企業が増え、通勤ラッシュの苦労がなくなったとか、家族と過ごす時間が増えたとか、在宅勤務を歓迎する声も聞こえてきます。

その一方で、仕事の効率が悪くなり、残業が増えたという人がいます。そのうえ、在宅勤務という理由で残業手当が出ないという不満を訴える声もあります。

では、在宅勤務だと残業手当は支給されないのでしょうか？

原則として、**在宅勤務だろうと何であろうと働いている場合には、契約の時間を超えて働いた場合は残業手当が発生**します※。

ところが、在宅勤務は出社するのと違い、その労働が「会社の指揮命令下」だったといえるかどうか、証明するのが難しい場合があります。たとえば、家であれば仕事をさぼっても注意する人がいませんし、お酒を飲みながらでも、テレビを見ながらでも、仕事ができてしまいます。そのため、会社としては、そうした状態を指揮命令のもとにある状態とは言いたくないという事情があります。

このようなことから、**在宅勤務の場合は、出勤して働いている場合より、労働時間の証明が難しくなってしまいます**。そのため、残業を証明するのも困難になり、残業手当を請求する根拠があいまいになってしまうという弊害が出るのです。

もちろん、在宅勤務であっても上司がパソコンのログオン・ログオフや作業内容を把握し、働いた時間をしっかり把握している場合は、在宅勤務でも会社と変わらないので指揮命令下にあるといえるでしょう。

新型コロナが拡大する前から在宅勤務を推進する動きはありましたが、コロナ禍で一気に広がりました。ところが、在宅勤務のために生じるさまざまな問題は

※労働基準法第32条・第37条第1項

未整備なものが多いというのが実情です。さらに在宅勤務とひと口にいっても、企業によって条件はいろいろで、一様に取り扱うのも難しいところがあります。

そこで、**事前に会社と在宅勤務中の労働時間や残業の取り扱いについて話し合って、認識を一致させておくのが最善の方法**だと思います。もしそれが難しい場合は、**自分で働いた時間と働いた内容をしっかり記録して、何か問題が起きたときの備えとしておく**のがいいでしょう。

ケース1

微熱があり、会社から自宅待機を命じられた

微熱があり、働けないほどではありませんが、もしかしたら新型コロナに感染しているかもしれないと会社に伝えたところ、会社から自宅待機を命じられました。この場合、給与はどうなるでしょうか?

解決策

会社の都合による自宅待機と判断でき、給与は請求できる

このようなケースでの自宅待機が労働者の都合による休みと判断するのか、会社の都合による休みと判断するのかによって、給与が支払われるかどうかの答えが分かれます。

ここでは〝働けない程度ではない〟という点が結論を下すポイントと考えられます。そこで働けない程度ではないにもかかわらず、自宅にとどめるのは会社の都合と見ていいでしょう。

もし感染していたら、他人にうつしてしまうのだから、休むのは自己都合だという見解もあり得ますが、企業の姿勢としては、このような場合でも賃金をしっかり保障して、安心して労働者を休ませるほうが感染防止になり、業務にも支障をきたさないと思います。

もし賃金が出ないとなると、生活のために微熱を隠して出勤し、その結果、感染が社内に広がり、業務に悪影響を及ぼすことも想像できます。そこで、休んでも賃金は支給されるとしたほうが会社側にとっても妥当な対応だと思われます。

ケース2
新型コロナに感染し、会社を休むことになった

ＰＣＲ検査を受けたところ、新型コロナと診断されました。しばらく会社を休

まなければなりませんが、会社からは、自己都合の休暇になると言われました。

解決策

有給休暇を利用するなどの対策を考える

自分が新型コロナに感染してしまった場合は自分の都合で休むことになります。そこで会社から給与は出ません。これはたとえ**無症状でも同様**です。法律で新型コロナに感染した場合には出勤させてはならないことになっているためです※。

新型コロナに感染すると、ＰＣＲ検査で陰性が出るまで長く時間がかかる場合があります。その間、給与が出ないとなると生活が困窮するかもしれません。それを避けるために、まず年次有給休暇（年休）が残っている場合は、年休を使うことを検討しましょう。ただ、すべて使い切ってしまうと、その後は年休が取れなくなってしまうので、計画的に取るようにしてください。会社によっては私傷病について病気休暇制度を設けているところもあります。その制度で給与が出る場合は利用を検討しましょう。

年休も使い切ってしまい、勤め先に病気休暇制度がない場合は、健康保険の傷病手当金をもらいつつ休職する方法が考えられます。さらに、**感染経路が特定で**

※労働安全衛生法第68条

き、それが職場であったり、通勤経路であったりする場合は労災の対象にもなります。

感染経路が不明でも、**すでに職場で新型コロナ感染者が出ていた場合や、スーパーのレジなど多くの人と接する業務に就いていた場合には、労災になることがあります**から、会社や労働基準監督署に労災に当たらないか、問い合わせるといいでしょう。

ケース3

家族が感染し、会社から自宅待機を命じられた

家族が新型コロナに感染したことを会社に報告したところ、自宅待機を命じられました。この場合、給与はどうなるでしょうか？

解決策

会社から要請された自宅待機なら、給与は取得できる

会社の都合での自宅待機か、自分の都合での自宅待機かどうか、という点で給与が支払われるか否かが変わります。感染者が家族の場合は、その労働者自身は感染していないので、働けないことはありません。したがって、**家族の感染を理由に会社が自宅待機を命じた場合は、会社の都合になり、会社は給与を払わなければなりません。**これは、先ほどの例と同様、自分は働けるが、微熱があり、会社から自宅待機を命じられた場合と同様のケースと考えられます。

自分は感染したかどうか不明だが、新型コロナに感染した人の濃厚接触者と認定された場合も同様です。会社から自宅待機を命じられれば、給与は支払われます。

ケース4

新型コロナで会社の業績が悪化し、解雇を告げられた

新型コロナの影響で会社の業績が悪化したからと、解雇を告げられました。仕方がないことなのでしょうか。

解決策

会社が条件をクリアしていなければ解雇はできない

新型コロナウイルスの影響を理由にした、解雇が増えているという報道があり

ます。確かに経済的影響は計り知れないところがあり、倒産件数も増加していま
す。では、会社の経営が苦しいという理由で、労働者の解雇は自由にできるので
しょうか？

解雇はそもそも、会社側の勝手な理由で自由にできるものではありません。法律では、解雇が有効になるためには客観的で合理的な理由と社会通念上の相当性が必要とされています※。

新型コロナの影響による解雇は経営上の問題で、労働者に非があって解雇にするのではないため、解雇の分類としては「整理解雇」、いわゆるリストラになります（140頁参照）。整理解雇は非のない労働者に不利益を与えることになるので、その有効性は厳しく判断されます。

リストラが有効と認められるには4条件を満たすことが必要です。①人員削減の必要性、②解雇回避努力、③人選の合理性、④説明協議の4条件をクリアしなければ解雇は有効になりません。裁判所はこの四つの観点から総合的に解雇の有効性を判断します。

新型コロナの影響による整理解雇では、国が用意している助成制度を利用しないで解雇すると4条件の②に当たる「解雇回避努力」がされていないと見られる

※労働契約法第16条

でしょう。また、④に当たる「説明協議」も、単に「コロナの影響で経営が悪化した」というだけでは認められず、具体的に会社の経営状況がどうなのかを資料に基づいて説明し、労働者の納得を得る努力をすることが求められます。

このように見ていくと、**たとえ新型コロナのせいで経営が悪化したとしても、整理解雇はそう簡単にはできず、会社にとって相当ハードルが高い**ことがわかると思います。

新型コロナを理由にした退職勧奨も増えています。これは整理解雇と異なり、会社が一方的に決定するものではなく、あくまでも労働者に〝自主的に〟会社を辞めてもらうために行われるものです。したがって、たとえ退職を勧められても、退職したくないと思えば、断ることができます。

そして、**退職を断っているにもかかわらず、会社が執拗に退職勧奨をしてくるようであれば、それは「退職強要」という不法行為になる**こともあり、慰謝料などを求めることができます。

ケース5 新型コロナを理由に、給与の減額を知らされた

会社から、新型コロナの影響で経営状況が悪化したので、給与を減らすと言われました。従うしかありませんか？

解決策

労働者の同意がなければ、会社は給与の減額はできない

給与の減額など、労働者が不利益になるような労働条件に変更する場合は、原則として労働者の同意がなければできません※。ですので、労働者が同意していないのに、会社が給与の額を勝手に切り下げてしまえばその減額は無効とされて、のちに会社は差額を払うことになります。

なお、**例外的に就業規則を変更することで減額できる場合もありますが※、その場合でも不利益変更の必要性、変更後の内容の相当性や労働組合や労働者との話し合いの内容などによって総合的に判断されるので、必ずしも変更が有効になるわけではありません。**

※労働契約法第8条

※労働契約法第9条・第10条

ケース6

突然会社が倒産してしまった

感染拡大対策としてリモートワークを命じられて、しばらく自宅で仕事をしていたら、突然、会社が倒産してしまいました。どうしたらいいでしょうか？

解決策

会社から離職票をもらい、失業保険を申請する
未払いの賃金があれば、立替払い制度を利用する

会社が倒産して失業したら、まずは制度として用意されている社会保障を受けて、生活への影響を少なくしましょう。

最初に考えられるのは、失業保険です。会社から離職票をもらい、ハローワークで手続きをすれば受給できます。**居住地を管轄するハローワークに行き、手続きをしましょう**。不明な点は職員に質問すれば教えてくれます。

もし倒産前に、**会社から未払いの賃金がある場合は、全額ではありませんが、立替払い制度があります**。**これは労働基準監督署で手続き**をします。

もっとも、こうしたお金はすぐに受け取れるわけではありません。手続きに時間がかかることがあります。手持ちのお金がなく、**当面の生活費や住居費に困る場合は、生活福祉金貸付などの一時的な貸し付けが利用できます**。**家賃について**

は住宅確保給付金があります。そのほかにも、緊急小口資金や総合支援資金など、新型コロナ問題を受けて制定された制度もあるので確認してください。

なかなか次の職が見つからず**生活に困窮したら、生活保護があります。生活保護はマイナスなイメージで語られることもありますが、遠慮せずに申請しましょう**。困ったときこそ、私たちの払っている税金は使われるべきです。

新型コロナの影響による労働トラブルは今後もさまざまな内容の問題が発生すると思います。自分の身にトラブルが起こっても、「仕方ない」「従うしかない」とあきらめず、労働基準監督署をはじめ、労働トラブルに関する相談窓口に赴き、解決の糸口を探ってください。トラブル解決に役立つ公的な機関や弁護士への依頼の方法などを次にまとめてあります。いざというときの参考にしてください。

また、日本労働弁護団がまとめた新型コロナウイルス感染症に関する労働問題Q&Aのウェブサイトもありますのでこれも参考にしてください。

http://roudou-bengodan.org/covid_19/

職場でトラブルが起きたときのために

これまで、職場で起こるさまざまなトラブルとその解決策について述べてきました。最後にもしトラブルが起きたとき、どこに相談に行けばいいのかを紹介しましょう。

無料で相談できる公的な機関

無料で相談できるところはかなりあります。労働トラブルの無料相談を実施している機関は大きく分けると、公的機関と民間に分かれます。

公的な機関には国が設置している総合労働相談コーナーがあります。厚生労働省の組織である労働局が設置しており、労働基準監督署などに併設されていることが多いです。全国の労働基準監督署内などの379カ所（2020年12月現在）

に設置されています。相談コーナーでは専門の相談員が、面談もしくは電話で応対してくれます。

また、都道府県でも独自に労働行政を行っており、相談窓口を設けているところもあります。たとえば東京都の場合、東京都労働相談情報センターというところで相談を受け付けています。

相談内容によって、相談する機関が違う場合もあります。総合労働相談コーナーで労働問題に関するあらゆる分野の相談をすることができますが、労働局や労働基準監督署、ハローワークなど、それぞれの領域がある場合があります。

たとえば、正規社員・非正規社員の待遇差に関するトラブルは都道府県労働局雇用環境・均等部に相談窓口があります。今は各行政機関のホームページなどで、どういう相談をどの窓口にすればいいか掲載してあるので、参照してから相談に行くといいでしょう。

もっとも、これらの相談窓口に行っても、裁判を起こして解決してくれる機関ではありません。相談では会社側が間違っているかどうかの見解を示してくれるかもしれませんが、紛争の解決には手続きが必要です。

紛争の解決で公的機関が行うものに「あっせん」があります。労働局でも行われていますが、東京都が行っているものは解決率も高く、非常に有用です。東京都では、東京都労働相談情報センターを都内６カ所に設置、労働問題全般にわたり相談に応じています。問題が解決しないときには「あっせん」で、センターが労使の間に入り、調整します。

厚生労働省

https://www.mhlw.go.jp/

総合労働相談コーナー（全国の所在地と連絡先）

https://www.mhlw.go.jp/general/seido/chihou/kaiketu/soudan.html

厚生労働省セクシャル・ハラスメント通報相談窓口

電話／０３‐５２５３‐１１１１（代表）（平日９：30〜17：00、12：00〜13：00の間は除く）

都道府県労働局雇用環境・均等部（室）所在地一覧

https://www.mhlw.go.jp/content/000177581.pdf

東京都労働相談情報センター東京都ろうどう１１０番

電話／０５７０‐００‐６１１０（月〜金曜日９：00〜20：00、土曜日９：00〜17：00）

労働組合、NPO法人など民間の相談機関

民間では労働組合（154頁参照）が相談窓口を設けています。まずは職場の労働組合に、トラブルについて相談してみましょう。加入していない、あるいは労働組合がない場合は、日本労働組合総連合会（連合）、全国労働組合総連合（全労連）が電話による相談窓口を設けています。

そのほか、さまざまなユニオン、労働問題に取り組むNPO法人も相談活動を行っています。インターネットで「労働相談」と検索すれば、さまざまな相談機関が出てくると思います。

そのなかで社会保険労務士（社労士）が労働相談を行っていることもあるかと思います。ただ、社労士は会社を顧客とし、就業規則を作るときなどにかかわっている人たちなので、受け付けている相談が労働者向けか、しっかり確認したほうがいいでしょう。

何か問題が起こったら一人で悩んでいるより、相談先を見つけて相談に行くことを勧めます。このような公的な相談機関や民間の相談窓口があることは、トラブルが発生する前に調べておいたほうがいいでしょう。実際にトラブルに巻き込

まれると、相談先を探す余裕がなくなり、最良の選択ができなくなってしまうことがあるからです。前もって自分の身を守る準備をしておくことは必要だと思います。

日本労働組合総連合会（連合）
電話相談／0120－154－052
https://www.jtuc-rengo.or.jp

全国労働組合総連合（全労連）
電話相談／0120－378－060
https://www.zenroren.gr.jp/

東京管理職ユニオン
電話相談／03－5341－4905
https://www.mu-tokyo.ne.jp/

日本労働弁護団ホットラインを利用する

公的機関や民間の相談機関ではトラブルの内容によっては「弁護士と相談してください」と言われることがあります。しかし、公的な相談窓口では、中立という立場から個別の弁護士の紹介は行っていません。

では、弁護士を見つけるにはどうすればいいのでしょう？　インターネットで検索すれば労働問題を扱っている弁護士事務所がかなりの数でヒットします。とはいえ、いきなり、弁護士事務所に連絡するのは敷居が高いとためらう人も多いかと思います。**そこで、日本労働弁護団や法テラスの無料相談を利用**してはどうでしょう？

日本労働弁護団は、労働者と労働組合の権利を守ることを目的として全国の弁護士により組織された団体です。日本労働弁護団では全国各地で労働トラブルについて無料の電話相談「日本労働弁護団ホットライン」を設けています。女性専用の相談窓口もあります。全国の相談日、連絡先はホームページに掲載されています。

法テラスは、正式名称を日本司法支援センターといい、**政府が設立した機関で、トラブルの法的解決を支援しています**。ホームページの入力フォームで相談内容を送信すると、折り返し法的な制度、適切な相談窓口を紹介してくれます。ただ、担当する弁護士が労働問題に長けているかどうかは事前には不明で、時には労働問題については専門外の弁護士が窓口に出ることもあります。

労働問題は少し特殊な分野なので、弁護士に依頼するときには、できれば労働問題を扱ったことがある人に頼んでほしいと思います。また、労働問題を扱う弁護士には使用者側、労働者側の二者があり、当然のことですが、**労働者側の弁護士を選びましょう**。

日本労働弁護団のホームページで所属弁護士の連絡先を調べ、直接連絡する方法もあります。労働者側に立つ弁護士は、皆さんが思っているほど敷居は高くないと思います。紹介でなければ相談を受けないという人は、まずいないでしょう。また、もし知り合いに弁護士がいたら、その人から労働関係を扱っている弁護士を紹介してもらうのが最良の方法といえます。

日本労働弁護団
https://www.roudou-bengodan.org/

法テラス
電話／全国一律0570-078374

https://www.houterasu.or.jp/

弁護士に依頼するときは着手金が必要

無料の法律相談なら費用はかかりませんが、弁護士に解決を依頼し、弁護士が事件を受任すると費用が発生します。

まず、着手金は裁判に勝っても負けても必ず支払う必要があり、返金はありません。

報酬金は裁判に勝ち、相手から金銭を受領したときに発生します。相手から支払われた額の何%かを報酬金として弁護士が請求します。報酬金の算出方法は法律事務所によって異なり、事前に明示することになっています。弁護士は裁判に負ければ報酬金はゼロです。私の所属する旬報法律事務所では、得られた経済的利益が300万円までは16%、300万円を超えて3000万円までは10%プラス18万円と定めています。多くの法律事務所でも似たような料金体系を定めているので、事前に確認するといいでしょう。

着手金、報酬金のほかに実費がかかります。実費は裁判を起こすときの印紙代、切手代、コピー代、場合によっては交通費といった事務的な経費です。これは裁判に勝っても負けてもかかる実費なので支払う必要があります。私の事務所での一例をあげると、たとえば解雇事件で月給30万円の人が解雇され、解雇の無効を訴えるケースの着手金は25万円から30万円ぐらいを考えます。

事務所によっては、着手金が抑えられていて、報酬金の割合が高いところもあります。なかには着手金を非常に低く設定し、報酬金を一律30%としているところもあります。多くの法律事務所では、２００４年（平成16）まで日本弁護士連合会が規定していた報酬等基準を参考に報酬額を設定しています。具体的には、事件の経済的な利益の額が３００万円以下の場合、報酬金はその16%、３００万円を超えて３０００万円になると、10%プラス18万、さらに３０００万円を超えて数億円になると、６%プラス１３８万円というものです。私の事務所も基本的にはこれに沿っています。

着手金が安くても、報酬金の割合が高ければトータルで見ると結局、高額になることもあります。事務所によっては、着手金も報酬金も両方低く設定しておいて、裁判所へ出廷するたびに数万円の費用を請求するところがあります。すると裁判が長引けば長引くほど費用がかさみ、トータルでかなりの額を支払うことになったという話を耳にすることもあります。

いずれにせよ、弁護士費用にはいろいろな料金設定があるので、**ほかの事務所に比べて格段に安いと思われる費用なら、警戒したほうがいい**かもしれません。

というのは、事件は弁護士が一人でこなします。年間に50～60件の事案を抱えているとほぼ毎日、裁判所に行くことになり、かなり忙しくなります。あまりにも安い費用では、それ以上の数をこなさなければならず、1件当たりにかけられる時間が少なくなってしまいます。ですから、費用の安さに惹かれて依頼してしまうと、自分の案件に丁寧に対処してもらえない恐れがあるのです。

弁護士を頼むときには費用が高い、安いだけを基準にして選択しないほうがいいでしょう。その弁護士の専門性も見たうえで、慎重に選ぶのがいいと思います。

ここまで労働問題トラブルの相談窓口や弁護士への依頼の方法について説明してきました。何度も言いますが、**トラブルに巻き込まれたら一人で悩んで「仕方ない」とあきらめず、相談窓口に必ず駆け込んでください。それが問題解決への大きな一歩になるのです。**

おわりに

社会は多くの人が働くことで回っています。仕事の一つ一つに無駄なものはありません。

しかし、時代の流れのなかでは、物事の流行や廃りも起こります。技術の発展によって仕事のやり方が変わることは、歴史的にも繰り返されてきました。また、景気も常に一定ではありません。業種や職種によっても感じ方は違いますが、好景気のときもあれば、不景気のときもあります。

そのような社会で働いているのですから、トラブルがまったくなく職業人生をまっとうできる人は、ほぼいないといってもいいでしょう。裁判をするまでにはいかなくても、上司からハラスメントを受けた、残業手当がきちんと支払われていない、会社の備品を壊してしまった――など、思いがけないトラブルに遭遇することもあるでしょう。たとえ、まじめに働いてきたつもりでも、突然の不況で会社が倒産してしまうことだってあるのです。

こうしたトラブルが自分の身に降りかかっても、これに冷静に対応することが一番の解決策です。本書ではさまざまな働き方、さまざまな問題について、触れてきました。もちろん、ここに書かれていること以外にもトラブルはありますが、一通り読めば、ある程度の対応はできるようになると思います。

本書が読者の方々の〝もしも〟のときのための〝武器〟となることを願っています。

ブックデザイン：萩原弦一郎（256）
DTP：一條麻耶子
編集協力：吉田桐子
：小川美千子
：檜垣智子（弁護士）

佐々木 亮（ささき・りょう）
弁護士（東京弁護士会所属）
1975年、埼玉県生まれ。東京都立大学法学部法律学科卒業。2003年弁護士登録。旬報法律事務所所属。日本労働弁護団常任幹事、ブラック企業被害対策弁護団代表。首都圏青年ユニオン顧問弁護団。民事事件を中心に、労働事件は労働者側のみを取り扱っている。共著に『いのちが危ない残業代ゼロ制度』（岩波ブックレット、2014年）、『会社で起きている事の7割は法律違反』（朝日新書、2014年）などがある。

旬報法律事務所
https://junpo.org
Twitter（ささきりょう）
@ssk_ryo

会社《かいしゃ》に人生《じんせい》を振《ふ》り回《まわ》されない
武器《ぶき》としての労働法《ろうどうほう》

2021年3月31日　初版発行

著者／佐々木《ささき》 亮《りょう》

発行者／青柳 昌行

発行／株式会社KADOKAWA
〒102-8177　東京都千代田区富士見2-13-3
電話　0570-002-301（ナビダイヤル）

印刷所／大日本印刷株式会社

ISBN 978-4-04-604972-8　C0032